Reforma Trabalhista
Entenda ponto por ponto

Francisco Meton Marques de Lima

Professor Titular da Universidade Federal do Piauí — UFPI. Doutor em Direito Constitucional pela UFMG. Mestre em Direito e Desenvolvimento pela UFC. Ex-Professor Assistente da UFC. Desembargador do TRT da 22ª Região. Escritor. Membro da Academia Piauiense de Letras Jurídicas e da Academia Cearense de Direito do Trabalho.

Obras do Autor
Os princípios do direito do trabalho na lei e na jurisprudência. 4. ed. São Paulo: LTr, 2015.
Interpretação e aplicação do direito do trabalho à luz dos princípios jurídicos. Fortaleza: Imprensa Oficial do Ceará, 1988.
O resgate dos valores na interpretação constitucional. Fortaleza: ABC, 2001.
As mais novas implicações jurídicas da velha justa causa. Cuiabá: Oásis, 2001.
Manual sintético de direito do trabalho. 2. ed. São Paulo: LTr, 2005.
Manual de processo do trabalho. 2. ed. São Paulo: LTr, 2008.
Manual de direito constitucional. São Paulo: LTr, 2005.
Reforma do Poder Judiciário. Coautoria com Francisco Gérson Marques de Lima. São Paulo: Malheiros, 2005.
Repensando a doutrina trabalhista. Coautoria com Francisco Gérson Marques de Lima e Sandra Helena Lima Moreira. São Paulo: LTr, 2009.
Constitucionalismo, direito e democracia. Coordenador com Robertônio Santos Pessoa. Rio de Janeiro: GZ, 2009.
Pensando direito — fundamentos filosóficos do direito. Coordenador com Sylvia Helena Miranda e Fides Angélica de Castro M. V. Omatti. Rio de Janeiro: GZ, 2011.
O livro dos valores — a vida dos valores e os valores de futuro. 2. ed. São Paulo: All Print, 2017.
Interpretação constitucional valorativa. In: *Direito, democracia e mudanças institucionais.* Capítulo organizado por Raul Lopes de Araújo Neto e Sebastião Patrício Mendes da Costa. Rio de Janeiro: Lumen Juris, 2017.
Judiciário e Sindicalismo — necessidade de reaproximação. In: LIMA, Francisco Gérson Marques de. *Carta de Liberdades Sindicais Comentada.* Fortaleza: Ministério Público do Trabalho e GRUPE (Grupo de Estudos e Defesa do Direito do Trabalho e do Processo Trabalhista).

Francisco Péricles Rodrigues Marques de Lima

Auditor-Fiscal do Trabalho. Especialista em Direito do Trabalho. Coautor de várias obras jurídicas.

Obra Conjunta dos Autores
Elementos do direito do trabalho e processo trabalhista. 16. ed. São Paulo: LTr, 2016.

Francisco Meton Marques de Lima
Francisco Péricles Rodrigues Marques de Lima

Reforma Trabalhista
Entenda ponto por ponto

LTr

LTr EDITORA LTDA.
© Todos os direitos reservados

Rua Jaguaribe, 571
CEP 01224-003
São Paulo, SP — Brasil
Fone (11) 2167-1101
www.ltr.com.br
Agosto, 2017

Produção Gráfica e Editoração Eletrônica: R. P. TIEZZI
Projeto de Capa: FABIO GIGLIO
Impressão: PIMENTA & CIA. LTDA.

Versão impressa — LTr 5843.5 — ISBN 978-85-361-9352-6
Versão digital   — LTr 9211.2 — ISBN 978-85-361-9354-0

**Dados Internacionais de Catalogação na Publicação (CIP)
(Câmara Brasileira do Livro, SP, Brasil)**

Lima, Francisco Meton Marques de

    Reforma trabalhista : entenda ponto por ponto / Francisco Meton Marques de Lima, Francisco Péricles Rodrigues Marques de Lima. — São Paulo : LTr, 2017.

    Bibliografia

    1. Direito ao trabalho 2. Direito ao trabalho — Brasil 3. Reforma constitucional — Brasil I. Lima, Francisco Péricles Rodrigues Marques de. II. Título.

17-06394   CDU-34:331.001.73(81)

Índice para catálogo sistemático:

1. Brasil : Reforma trabalhista : Direito do trabalho 34:331.001.73(81)

Sumário

Introdução 9

Comentários à Lei n. 13.467/2017 11

PRIMEIRA PARTE
DIREITO MATERIAL DO TRABALHO

1. Grupo Empresarial e Solidariedade de Empresas 15

2. Tempo à Disposição do Empregador 18

3. Fontes e Interpretação do Direito do Trabalho 20

4. Sucessão Empresarial e Responsabilidade do Sócio Retirante 25

5. Da Prescrição Geral e Intercorrente 27

6. Registros do Empregado 29

7. O Fim das Horas *In Itinere* ou em Trânsito 31

8. Trabalho a Tempo Parcial 32

9. Horas Extras, Banco de Horas e Acordo de Compensação 34

10. Regime de 12 x 36 Horas 36

11. Horas Extras em Atividades Insalubres 38

12. Prorrogação da Jornada para Além do Negociado 39

13. Trabalhadores sem Direito a Horas Extras 41

14. Supressão de Intervalo Intrajornada 43
15. Teletrabalho ou *Home Office* 44
16. Férias — Alterações 49
17. Do Dano Extrapatrimonial 50
18. Proteção da Maternidade 55
19. Alterações das Regras do Contrato de Trabalho 57
    19.1. Contrato de autônomo 57
    19.2. Contrato de trabalho intermitente — definição 58
    19.3. Negociação individual equivalente à coletiva 58
    19.4. Sucessão de empresas 59
    19.5. Trabalho intermitente — regulamentação 61
    19.6. Fardamento 65
    19.7. Remuneração e salário 65
    19.8. Prêmio — definição 69
    19.9. Utilidades não salariais 70
    19.10. Igualdade e equiparação salarial 70
    19.11. Alteração contratual — flexibilização 74
20. Extinção do Contrato de Emprego 76
    20.1. Dispensa coletiva 78
    20.2. PDI — Plano de Desligamento Incentivado 78
    20.3. Justa causa por perda da habilitação 79
    20.4. Rescisão contratual por acordo 80
21. Arbitragem em Contrato Individual 81
22. Quitação Anual dos Direitos Trabalhistas 82
23. Comissão de Representantes dos Empregados na Empresa 83
    23.1. Composição da comissão 83
    23.2. Atribuições da comissão 86
    23.3. Eleição dos membros da comissão de trabalhadores 87
24. Contribuição Sindical Facultativa 89
25. O Negociado sobre o Legislado 94
    25.1. Questões hermenêuticas sobre o negociado 100

25.2. O que não pode ser negociado 102

25.3. Duração e fim da ultratividade das cláusulas negociais 104

25.4. Hierarquia das normas negociais 105

26. Multas Trabalhistas — Reajuste dos Valores 107

SEGUNDA PARTE
PROCESSO DO TRABALHO

1. Justiça do Trabalho — Competência 111

2. Tribunais do Trabalho — Processo de Sumulação 112

3. Alterações dos Prazos 114

4. Das Custas Processuais 115

5. Da Justiça Gratuita 116

6. Dos Honorários Periciais 118

7. Dos Honorários Advocatícios 122

8. Responsabilidade por Dano Processual e Litigância de Má-Fé 125

9. Exceção de Incompetência 128

10. Ônus da Prova 130

11. Reclamação Trabalhista 133

12. Contestação e Preposto 135

13. Da Audiência — Arquivamento — Revelia 137

14. Incidente de Desconsideração da Personalidade Jurídica 141

15. Acordo Extrajudicial — Jurisdição Voluntária 145

16. Execução Trabalhista 149

16.1. Competência da Justiça do Trabalho para executar contribuições ao INSS, inclusive do vínculo de emprego reconhecido 149

16.2. Execução de ofício — restrição 151

16.3. Liquidação — correção monetária — penhora 152

16.4. Protesto de sentença e Banco Nacional de Devedores Trabalhistas — BNDT 153

16.5. Embargos à execução — garantias 153

17. Recurso de Revista 155

18. Depósito Recursal 161

TERCEIRA PARTE
TERCEIRIZAÇÃO

1. Prestação de Serviço Terceirizado — Definição 167

2. Direitos dos Trabalhadores Terceirizados 169

3. Empresa Contratante de Trabalho Terceirizado 171

4. Quarentena para Contratação Mediante Terceirização 172

QUARTA PARTE
ALTERAÇÃO NA LEI DO FGTS

Alteração na Lei do FGTS 177

QUINTA PARTE
ALTERAÇÃO DO SALÁRIO DE CONTRIBUIÇÃO

Parcelas Salariais de Incidência de Contribuições ao INSS 181

SEXTA PARTE
REVOGAÇÕES

Revogações 185

Referências Bibliográficas 187

Introdução

Um comentário objetivo, desapaixonado e interdisciplinar.

A Lei da Reforma Trabalhista mexe em mais de duzentos dispositivos da CLT e nas Leis do FGTS e de Custeio da Previdência Social. Portanto, altera todo o sistema trabalhista tradicional. No entanto, a lei não vale por si só, nem pelo estrito limite do seu texto.

Inicialmente, cumpre alertar a Lei da Reforma não vai chegar como uma moenda, triturando homens e almas, visto que direitos já incorporados por força do direito anterior não podem ser removidos em relação aos trabalhadores que já os adquiriram, como a incorporação de função pelo exercício por mais de dez anos, incorporação de convenções e acordos coletivos, dentre outros que a prática irá identificando. Isto por imperativo do princípio da irretroatividade da lei (salvo a lei penal para favorecer o réu), que protege aqueles que já implementaram as condições de gozo do direito no dia em que a Lei da Reforma entrou em vigor, ou seja, 120 dias após a sua publicação no Diário Oficial da União. Também por força da cláusula pétrea do direito adquirido (art. 5º, XXXVI da Constituição: "a lei não prejudicará o direito adquirido, o ato jurídico perfeito e a coisa julgada").

Toda lei ingressa em um sistema, que dialoga com outros sistemas. Um artigo se interconecta com outro e este com outros mais. Da interpretação de todos e de cada um se forma a jurisprudência, que é o direito mais próximo da concretude. Daí a necessidade de uma leitura sistêmica da Reforma, fazendo as várias ligações de cada preceito com outros que lhe interferem e em que ele interfere.

Decerto, o alcance axiológico da lei é infinito, revelando-se paulatina e inexoravelmente. Assim, este trabalho se propõe a descortinar a Reforma para uma visão inicial do conjunto no plexo jurídico nacional.

A verdadeira mudança que a Lei da Reforma almeja é ideológica, sob dois eixos: a) encurtar o manto protetor do Estado sobre o trabalhador; b) dar leveza às relações de trabalho, com as facilidades de negociação direta entre patrões e empregados em um primeiro passo, em outro passo facultando a negociação dos direitos da categoria pelo sindicato. Em seu conjunto, a lei é ostensivamente patronal e padece de falta de legitimidade, visto que levada a efeito por um Governo precário, com índice de popularidade abaixo de 10%, além de investigado nas Operações Lava Jato e JBS.

A Lei procede a muita renúncia fiscal, ao converter várias parcelas salariais em indenizatórias; ao tornar facultativa a contribuição sindical, que destina percentuais para a conta salário e emprego, para alimentar o Fundo de Amparo ao Trabalhador etc.; ao retirar do sistema do FGTS os depósitos recursais.

Utiliza a retórica de facilitar o empreendedorismo e aumentar a competitividade das empresas brasileiras ante a economia globalizada. Outra retórica que não se sustenta é de que a reforma abre múltiplas possibilidades de relações de trabalho para proporcionar mais oportunidade àqueles que estão alijados do mercado de trabalho. O certo é que, dentro de poucos anos, todos os trabalhadores brasileiros estarão no vagão comum do trabalho desprotegido e precário.

Cumpre advertir que a lei não vale pelo seu texto, mas pelo seu contexto. O texto não tem sentido fora do contexto. Uma vez vigente, a lei ingressa no sistema jurídico e com ele tem que sistematizar, tem que ser interpretada sistemicamente, como um todo harmônico. Cada norma dialoga com a Constituição, os tratados, as convenções internacionais, as outras normas que compõem o conjunto e, sobretudo, os grandes princípios informadores dos direitos fundamentais e os princípios específicos.

Sim, princípio é norma jurídica, dotada de preceptividade. Por exemplo, o Princípio da Proteção do trabalhador, o da norma mais favorável, o da primazia da realidade, o da irrenunciabilidade (fundado no vício presumido de consentimento) etc. haverão de atuar na conformação da lei aos fins da Justiça Social.

Cumpre salientar que os Princípios de Direito do Trabalho estão cada vez mais vivos e deverão funcionar como amortecedores dos grandes impactos negativos que essa lei provoca no operariado.

Daí falar-se em *mens legis*, ou vontade da lei, que se separa da *mens legislatoris* ou vontade do legislador. De onde dizer Peter Häberle que não há norma jurídica senão depois de interpretada. Antes disso, a lei não passa de enunciado normativo. Por isso, dizemos que a atividade de legislar é empírica, pragmática e imediatista; a do intérprete é científica, dialetizada e pacientemente construída, eis porque o Poder Judiciário é composto de agentes graduados, no mínimo, e todos os servidores e advogados que participam do processo decisório possuem, obrigatoriamente, nível superior de escolaridade.

Decerto, muitos pontos dessa lei não resistem ao confronto com a Constituição e os direitos fundamentais, colidindo com cláusulas pétreas ou invadindo seara privativa de Emenda Constitucional. Há coisas teratológicas, como pretender limitar o questionamento em juízo de cláusula negocial, tornar facultativo um tributo (que horror!) previsto na Constituição (art. 8º, IV) e com isso revogar a ampla representatividade da categoria clausulada no inciso III do art. 8º, tarifar o valor do dano extrapatrimonial, impor ao trabalhador um processo oneroso.

Por fim, nesta análise, faz-se o cotejo com outras normas e atos normativos e súmulas que formam o respectivo sistema, para melhor compreensão da matéria.

COMENTÁRIOS À LEI N. 13.467/2017

Altera a Consolidação das Leis do Trabalho — CLT, aprovada pelo Decreto-lei n. 5.452, de 1º de maio de 1943; a Lei n. 6.019, de 3 de janeiro de 1974; a Lei n. 8.036, de 11 de maio de 1990; e a Lei n. 8.212, de 24 de julho de 1991; a fim de adequar a legislação às novas relações de trabalho.

O Congresso Nacional decreta:

Art. 1º A Consolidação das Leis do Trabalho, aprovada pelo Decreto-lei n. 5.452, de 1º de maio de 1943, passa a vigorar com as alterações a seguir.

PRIMEIRA PARTE

DIREITO MATERIAL DO TRABALHO

1. Grupo Empresarial e Solidariedade de Empresas

A CLT trata da matéria no seu art. 2º, cuja redação anterior é a seguinte:

Art. 2º Considera-se empregador a empresa, individual ou coletiva, que, assumindo os riscos da atividade econômica, admite, assalaria e dirige a prestação pessoal de serviço.

§ 1º Equiparam-se ao empregador, para os efeitos exclusivos da relação de emprego, os profissionais liberais, as instituições de beneficência, as associações recreativas ou outras instituições sem fins lucrativos, que admitirem trabalhadores como empregados.

§ 2º Sempre que uma ou mais empresas, tendo, embora, cada uma delas, personalidade jurídica própria, estiverem sob a direção, controle ou administração de outra, constituindo grupo industrial, comercial ou de qualquer outra atividade econômica, serão, para os efeitos da relação de emprego, solidariamente responsáveis a empresa principal e cada uma das subordinadas.

A Lei da Reforma alterou o § 2º, cuja redação ficou assim:

> § 2º Sempre que uma ou mais empresas, tendo, embora, cada uma delas, personalidade jurídica própria, estiverem sob a direção, controle ou administração de outra, ou ainda quando, mesmo guardando cada uma sua autonomia, integrem grupo econômico, serão responsáveis solidariamente pelas obrigações decorrentes da relação de emprego.

Configurado o grupo econômico, todas as empresas integrantes do grupo são responsáveis solidariamente pelas obrigações trabalhistas. Assim, o empregado de qualquer das empresas do grupo pode formular sua reclamação contra todas ou qualquer uma delas, bem como direcionar a execução contra todas ou qualquer uma.

A nova redação substituiu o texto anterior, encampou o conceito universal de empresa configurado no Código Civil, arts. 966 e seguintes, e acrescentou o § 3º, com a redação abaixo, para condicionar a configuração do grupo, predominantemente, pelo aspecto subjetivo, ou seja, pela comunhão de sócios.

A solidariedade de empresas decorre da formação de grupo econômico, tipificado por duas situações: a) entre empresas que, embora com personalidade jurídica própria, estejam sob a direção, controle ou administração de uma delas; b) quando as empresas integram grupo econômico, mesmo guardando cada uma sua autonomia. Para caracterizar a hipótese da letra *b*, é necessário que se verifiquem o interesse integrado, a efetiva comunhão de interesses e a atuação conjunta das empresas integrantes do grupo econômico.

> § 3º Não caracteriza grupo econômico a mera identidade de sócios, sendo necessárias, para a configuração do grupo, a demonstração do interesse integrado, a efetiva comunhão de interesses e a atuação conjunta das empresas dele integrantes. (...)

Dos dois parágrafos *supra*, deduz-se que o grupo econômico a gerar solidariedade empresarial pelas obrigações trabalhistas se configura por dois modos: a) objetivamente, o do § 2º; e b) subjetivamente, que se configura pela comunhão de sócios das empresas, sob as condições textualizadas na lei.

Neste ponto, os multiconglomerados darão trabalho aos exequentes, porque devolve a estes o ônus de provar a "*demonstração do interesse integrado, a efetiva comunhão de interesses e a atuação conjunta das empresas dele integrantes*", certamente para um fim comum.

Porém, traz tranquilidade para os sócios comuns de múltiplos empreendimentos que não formarão, só por esse fato, segundo o textualizado, grupo empresarial solidário. E, consequentemente, é mais uma girândola de dificuldades para os credores trabalhistas.

Esses grupos não constituem empregador único; cada empresa tem seu quadro próprio e suas normas internas, pelo que o empregado de uma, em regra, não serve de paradigma a empregado da outra para efeito de equiparação salarial.

Duas teorias se debruçam sobre o tema: a) da solidariedade passiva — a significar que cada empresa do grupo é autônoma; b) da solidariedade ativa — defende que o grupo de empresas constitui um só empregador. A lei brasileira adota a primeira. Porém, na prática, surgem muitas dúvidas. Assim é que a Súmula n. 129 do TST considera um único contrato a prestação de serviços a mais de uma empresa do grupo durante a mesma jornada, salvo ajuste em contrário.

Os aglomerados tomam diversas formas: *holding company* (uma empresa-mãe detém o controle acionário das empresas subjacentes); *pool* (associação de empresas para uma ação conjunta); consórcio (previsto na lei das sociedades anônimas); empresas multinacionais. A Lei trabalhista exige apenas que se **constitua o grupo empresarial**, agora caracterizado por duas formas: a) relação de comando ou coordenação das empresas por uma delas; ou b) pelo interesse integrado, a efetiva comunhão de interesses e a atuação conjunta das empresas dele integrantes. Algumas espécies de grupos, a exemplo do *pool*, não constituem solidariedade trabalhista. Uma forma nova que surge é o condomínio de empregadores rurais, em que deve se instalar a solidariedade trabalhista entre os membros do condomínio.

Não mais caracteriza grupo econômico a simples existência do sócio comum, ou acionista majoritário de várias empresas do grupo, sem a demonstração do interesse integrado, a efetiva comunhão de interesses e a atuação conjunta das empresas dele integrantes. Ou seja, presentes essas evidências, o sócio comum constitui um elemento caracterizador do grupo econômico para efeito de solidariedade trabalhista.

Considerem-se ainda as feições novas que vêm tomando a concessionária, a franquia, em relação aos controladores, cuja atração de clientes e contratação perante o mercado gravitam em torno da marca principal, a qual deve ser, em casos tópicos, corresponsabilizada. Com efeito, não se pode ficar estacado no tempo das interpretações trabalhistas tradicionais, quando o direito empresarial e as garantias do cidadão avançam, a exemplo do CDC, cujo art. 28 solidariza até o fornecedor pelo vício do produto. Afinal, o trabalhador também deve ser visto como uma espécie de consumidor, que se encantou e se enganou com a aparência da empresa. Assim, quem se emprega em uma franquia da Mc'Donald entende que está trabalhando para Mc'Donald e não para o franqueado.

Portanto, sempre que se configurar a situação do § 2º do art. 2º da CLT, com as ampliações citadas, estabelece-se solidariedade trabalhista passiva. Assim, o empregado de qualquer das empresas do grupo pode reclamar seus direitos contra todas conjuntamente, ou um grupo delas, ou contra qualquer uma delas. A solidariedade pode se estabelecer apenas na execução, não sendo necessário que a executada integrante do grupo haja figurado no polo passivo da reclamação. A OJ n. 205 exigia que a executada houvesse figurado no polo passivo da reclamação, porém foi cancelada.

2. Tempo à Disposição do Empregador

Art. 4º Considera-se como de serviço efetivo o período em que o empregado esteja à disposição do empregador, aguardando ou executando ordens, salvo disposição especial expressamente consignada.

A nova lei converte o parágrafo único em § 1º e acrescenta o § 2º, abaixo:

> § 1º Computar-se-ão, na contagem de tempo de serviço, para efeito de indenização e estabilidade, os períodos em que o empregado estiver afastado do trabalho prestando serviço militar e por motivo de acidente do trabalho.
>
> § 2º Por não se considerar tempo à disposição do empregador, não será computado como extra o período que exceder a jornada normal, ainda que ultrapasse o limite de cinco minutos previsto no § 1º do art. 58 desta Consolidação, quando o empregado, por escolha própria, buscar proteção pessoal, em caso de insegurança nas vias públicas ou más condições climáticas, bem como adentrar ou permanecer nas dependências da empresa para exercer atividades particulares, entre outras:
>
> I — práticas religiosas;
>
> II — descanso;
>
> III — lazer;
>
> IV — estudo;
>
> V — alimentação;
>
> VI — atividades de relacionamento social;

> VII — higiene pessoal;
>
> VIII — troca de roupa ou uniforme, quando não houver obrigatoriedade de realizar a troca na empresa.

A significar que não é apenas o fato de se encontrar no estabelecimento da empresa que o empregado está à disposição do empregador, visto que nos casos do parágrafo, a sua permanência decorre de fato alheio à vontade patronal; e nas hipóteses descritas nos incisos a permanência se dá por interesse do trabalhador. Essas disposições legais, de certa forma, tranquilizam o empregador ante tais situações, que não gerarão hora extra.

No entanto, como em Direito quanto mais se normatiza mais brechas se abrem, um largo espaço normativo se abre neste particular para as negociações coletivas.

3. Fontes e Interpretação do Direito do Trabalho

> § 1º O direito comum será fonte subsidiária do direito do trabalho.
>
> § 2º Súmulas e outros enunciados de jurisprudência editados pelo Tribunal Superior do Trabalho e pelos Tribunais Regionais do Trabalho não poderão restringir direitos legalmente previstos nem criar obrigações que não estejam previstas em lei.
>
> § 3º No exame de convenção coletiva ou acordo coletivo de trabalho, a Justiça do Trabalho analisará exclusivamente a conformidade dos elementos essenciais do negócio jurídico, respeitado o disposto no art. 104 da Lei n. 10.406, de 10 de janeiro de 2002, e balizará sua atuação pelo princípio da intervenção mínima na autonomia da vontade coletiva. (NR)

O texto anterior do art. 8º estava assim redigido:

Art. 8º As autoridades administrativas e a Justiça do Trabalho, na falta de disposições legais ou contratuais, decidirão, conforme o caso, pela jurisprudência, por analogia, por equidade e outros princípios e normas gerais de direito, principalmente do direito do trabalho, e, ainda, de acordo com os usos e costumes, o direito comparado, mas sempre de maneira que nenhum interesse de classe ou particular prevaleça sobre o interesse público.

Parágrafo único. O direito comum será fonte subsidiária do direito do trabalho, naquilo em que não for incompatível com os princípios fundamentais deste.

A Lei da Reforma converteu o parágrafo único em § 1º, suprimiu-lhe a expressão "naquilo em que não for incompatível com os princípios fundamentais deste" e acrescentou os §§ 2º e 3º acima transcritos.

A supressão operada no § 1º tem a finalidade de excluir a barreira dos princípios trabalhistas, como condicionante da invasão do direito comum à cidadela trabalhista. Assim, as normas do direito comum ingressarão na seara operária com mais desenvoltura.

Dando seguimento à ideologia do positivismo restrito na lei, o § 2º recorre à Lei do Eterno Retorno[1]: à Escola da Exegese, que vicejou na França do século XIX, a partir do Código Civil de Napoleão, segundo a qual o juiz é apenas a boca da lei (MONTESQUIEU), a ele sendo vedada a criação judicial.

Destarte, os Juízes e Tribunais não editam leis, mas proclamam normas. Acontece que no Estado de Direito atual, pluralista e democrático, nem se pode falar em **lei**, mas em **sistema legal**, do qual decorre o **Direito** do **Estado de Direito**. O Estado de Direito forjado no Iluminismo era o Estado segundo a lei, no sentido textual; enquanto o Estado de Direito atual ancora-se no sistema normativo, com todos os seus componentes axiológicos e fáticos.

Com efeito, a lei encontra-se encravada num cipoal normativo de múltiplas origens e hierarquias, desde a Constituição, os tratados internacionais, as múltiplas leis que interagem, princípios que informam os institutos jurídicos (que são normas) e, sobretudo, a conformação dos fatos, que são voláteis, mutáveis e valoráveis segundo o tempo e o espaço. Tudo isso, para fazer o sistema sistematizar, como diz Canaris[2].

Ora, não há norma senão depois de interpretada e não há interpretação sem criação. O Código de Justiniano, *Corpus Juris Civilis*, proibiu o juiz de interpretá-lo. Não vingou. O de Napoleão também, o tempo o derrotou. Não é essa regra ora sob comento que vai impedir a criatividade dos julgadores.

Por fim, é bom relembrar que o Judiciário é uma haste dos Três Poderes, que na verdade é Uno (segundo LOWENSTEIN[3]) e não mero servidor das outras duas hastes (Executivo e Legislativo), e como tal tem o dever-poder de, na solução dos casos concretos, requerido pelos legitimados, colmatar as lacunas da lei.

---

(1) "Esta vida, assim como tu vives agora e como a viveste, terás de vivê-la ainda uma vez e ainda inúmeras vezes: e não haverá nela nada de novo, cada dor e cada prazer e cada pensamento e suspiro e tudo o que há de indivisivelmente pequeno e de grande em tua vida há de te retornar, e tudo na mesma ordem e sequência — e do mesmo modo esta aranha e este luar entre as árvores, e do mesmo modo este instante. A eterna ampulheta da existência será sempre virada outra vez, e tu com ela, poeirinha da poeira!" (NIETZSCHE, Friedrich Wilhelm. *Aurora* — coleção essencial de Nietzsche. São Paulo: Escala, 2013).
(2) CANARIS, Claus-Wilhelm. *Pensamento sistemático e conceito de sistema na ciência do direito*. São Paulo: Calouste Gulbenkian, 2012.
(3) LOEWENSTEIN, Karl. *Teoría de la constitución*. 2. ed. Tradução de Alfredo Galego Anabitarte. Barcelona: Ariel, 1976. Do original *Verfassungslehre*.

Nulidades contratuais: o § 3º determina que, no julgamento sobre a validade de convenção ou acordo coletivo do trabalho, a Justiça do Trabalho se limite a analisar os elementos essenciais de validade do negócio jurídico, conforme o art. 104 do Código Civil, segundo o qual, "a validade do negócio jurídico requer: I — agente capaz; II — objeto lícito, possível, determinado ou determinável; III — forma prescrita ou não defesa em lei".

Acontece que, em direito, tudo é interconexão. A aplicação do art. 104 implica dialogar com os arts. 138 a 184, que tratam dos vícios de consentimento e das nulidades dos atos jurídicos. Depois, as formalidades adjudicam uma análise à parte, como veremos ao final deste tópico.

Ou seja, a Reforma despreza os **elementos acidentais** do contrato, como a **condição, o termo, o encargo.** A preterição de elementos essenciais gera nulidade absoluta; a preterição de elementos acidentais enseja nulidade relativa ou anulabilidade.

Há cláusulas contratuais que subordinam a validade do negócio a evento futuro. Se o evento é futuro e incerto, configura-se a *condição*; se futuro e certo, dá-se o *termo*. A condição define-se pelo SE, enquanto o termo apresenta-se pelo QUANDO. Esses dois elementos são acessórios aos contratos e comportam no contrato de trabalho.

A condição é suspensiva ou resolutiva. O termo é inicial ou final. A suspensiva e o inicial suspendem os efeitos do contrato até a realização do acontecimento previsto: contrato-te agora, mas o contrato só iniciará seus efeitos se o Brasil ganhar a Copa (condição suspensiva); contrato-te agora, mas o contrato só inicia seus efeitos quando terminar a Copa (termo inicial).

A condição resolutiva e o termo final suspendem os efeitos do contrato com o implemento do evento previsto: contrato-te por tempo indeterminado; entretanto, se não chover na estação chuvosa, extingue-se o contrato (condição resolutiva); contrato-te pelo período enquanto durar a construção X (termo final incerto); contrato-te por um ano (termo final certo).

No entanto, mesmo desprezando os elementos acidentais, as possibilidades de nulidade são inúmeras. Vejamos apenas o relacionado ao item **agente capaz**:

> **Consenso** — constitui requisito essencial intrínseco. Decorre da capacidade: a partir dos 18 anos pode consentir nas cláusulas contratuais, pois adquiriu a capacidade plena; de 16 a 18 anos (a estes equiparados os ébrios habituais, os viciados em tóxicos, e aqueles que, por causa transitória ou permanente, não puderem exprimir sua vontade, os pródigos — art. 4º do Código Civil) o consenso requer a assistência dos pais, tutor ou curador; de 14 a 16 anos, só pode ser contratado na condição de aprendiz.

Com efeito, constitui elemento essencial porque o contrato inicia-se com o consentimento, a manifestação da vontade, que deve ser livre, espontânea, sem coação ou engano. O fato de aderir às cláusulas prefixadas não descaracteriza a vontade, em face de esta definir-se pelo ACEITO ou NÃO ACEITO. Daí os defeitos dos negócios jurídicos, previstos nos arts. 138 a 184 do Código Civil, que dialogam com o art. 104, complementando-o em detalhamento. Dos arts. 138 a 165 o Código trata dos defeitos dos atos jurídicos; dos arts. 166 a 184 trata das nulidades em virtude dos defeitos.

> **Vícios de consentimento** (arts. 138/165 do Código Civil) — viciam a vontade, invalidando a manifestação. São eles: erro ou ignorância, dolo, coação, fraude contra credores, estado de perigo e lesão (os dois últimos foram acrescidos no Código Civil).

O **erro** pode dizer respeito ao local de trabalho, montante salarial ou às qualidades essenciais da pessoa; o **dolo,** ou intenção de cometer uma ilegalidade, ocorre, por exemplo, quando o empregado apresenta habilitação falsa para conseguir o emprego, ou o empregador exibe demonstrativo falso de lucro para atrair o empregado; há **coação** quando o empregador é ameaçado de depredação dos seus bens, ou o empregado é ameaçado de denúncia por ato ilícito; o **estado de perigo** se dá quando alguém, premido pela necessidade de salvar-se, ou a pessoa de sua família, de grave dano conhecido pela outra parte, assume obrigação excessivamente onerosa; a **lesão** caracteriza-se quando uma pessoa, sob premente necessidade, ou por inexperiência, se obriga a prestação manifestamente desproporcional ao valor da prestação oposta. A **fraude contra credores** materializa-se quando o devedor desvia seu patrimônio para não pagar os credores, inclusive trabalhistas.

Os vícios de consentimento despertam pouco interesse prático no tocante à anulação do contrato, posto que, no nosso direito, é mais fácil rescindir que anular. Além disso, a nulidade não retroage se houve efetiva prestação do serviço.

Entretanto, despertam enorme interesse na apreciação de alterações contratuais: transferência, mudança de função, alteração da forma de pagamento. A concordância do empregado em alteração contratual que lhe resulte prejuízo — direto ou indireto — presume-se viciosa (art. 468 da CLT), se não houver contrapartida pela empresa, até prova em contrário, mesmo após a Reforma Trabalhista.

Outrossim, o ato anulável do empregador, uma vez decretado pelo juiz, gera efeito até sua anulação. Assim, um ato de despedida com vício de consentimento não dá direito a reintegração, mas a readmissão, com salários vencidos só a partir da petição inicial, e não a partir da ruptura contratual.

Forma legal — o ato é nulo quando preterir a forma legal. No específico do tema, o § 3º acrescido ao art. 8º trata de negociação coletiva do trabalho.

A lei impõe formalidades mais ou menos rígidas para a sua concretização. O art. 612 da CLT exige para validade da negociação que haja deliberação em assembleia geral da categoria, convocada especialmente para esse fim; comparecimento, e votação, primeira convocação de 2/3 dos associados, se convenção, e dos interessados, se acordo; em segunda convocação, por 1/3 dos mesmos.

O *quorum* de comparecimento e votação será de 1/8 dos associados em 2ª convocação, nas entidades sindicais que tenham mais de 5.000 associados.

Já o art. 613 da CLT, estabelece o conteúdo obrigatório dos instrumentos negociais coletivos.

Logo, é muito vasto o plano de questionamento, como: representatividade do sindicato; legitimidade do agente subscritor do instrumento; cumprimento do rito de convocação estipulado nos estatutos do sindicato; *quorum* das assembleias; número de votantes a favor; ausência de vícios de consentimento, como erro, dolo, coação, fraude, estado de perigo, lesão.

Portanto, a análise judicial de cláusulas de negociação coletiva irá muito além do preceituado no § 3º do art. 8º da CLT, com a redação dada pela Lei da Reforma. Volta-se ao tema no comentário ao § 1º do art. 611-A.

# 4. Sucessão Empresarial e Responsabilidade do Sócio Retirante

O art. 10 preceitua:

> Qualquer alteração na estrutura jurídica da empresa não afetará os direitos adquiridos por seus empregados.

A Lei da Reforma acrescenta o art. 10-A, para limitar a responsabilidade do sócio que se retira da sociedade empresarial.

> Art. 10-A. O sócio retirante responde subsidiariamente pelas obrigações trabalhistas da sociedade relativas ao período em que figurou como sócio, somente em ações ajuizadas até dois anos depois de averbada a modificação do contrato, observada a seguinte ordem de preferência:
>
> I — a empresa devedora;
>
> II — os sócios atuais; e
>
> III — os sócios retirantes.
>
> Parágrafo único. O sócio retirante responderá solidariamente com os demais quando ficar comprovada fraude na alteração societária decorrente da modificação do contrato.

A propósito, o Código Civil dispõe:

> Art. 1.023. Se os bens da sociedade não lhe cobrirem as dívidas, respondem os sócios pelo saldo, na proporção em que participem das perdas sociais, salvo cláusula de responsabilidade solidária.
>
> Art. 1.024. Os bens particulares dos sócios não podem ser executados por dívidas da sociedade, senão depois de executados os bens sociais.
>
> Art. 1.025. O sócio, admitido em sociedade já constituída, não se exime das dívidas sociais anteriores à admissão.

Art. 1.026. O credor particular de sócio pode, na insuficiência de outros bens do devedor, fazer recair a execução sobre o que a este couber nos lucros da sociedade, ou na parte que lhe tocar em liquidação.

Parágrafo único. Se a sociedade não estiver dissolvida, pode o credor requerer a liquidação da quota do devedor, cujo valor, apurado na forma do art. 1.031, será depositado em dinheiro, no juízo da execução, até noventa dias após aquela liquidação.

Art. 1.032. A retirada, exclusão ou morte do sócio, não o exime, ou a seus herdeiros, da responsabilidade pelas obrigações sociais anteriores, até dois anos após averbada a resolução da sociedade; nem nos dois primeiros casos, pelas posteriores e em igual prazo, enquanto não se requerer a averbação.

Essas disposições do Código Civil, por estipularem as regras gerais da responsabilidade da sociedade e dos sócios, são aplicáveis à responsabilidade trabalhista, no que se fizerem necessárias e se mostrarem mais eficientes à proteção do crédito trabalhista, que é o crédito de hierarquia mais elevada do sistema jurídico brasileiro, conforme arts. 100, § 1º, da Constituição, e 186 do Código Tributário Nacional.

Essa responsabilidade do sócio retirante pode ser configurada somente na fase de execução, como sói acontecer, não sendo necessário que ele tenha figurado no processo de conhecimento.

Outra novidade de grande vulto é o estabelecimento do benefício de ordem em favor do sócio retirante, ou seja, em todo caso, mesmo que ele seja responsabilizável, primeiro se executa a sociedade, em segundo lugar executam-se os sócios atuais e, por fim, o sócio retirante. O sócio retirante deve requerer o benefício de ordem e colaborar para o sucesso da execução, indicando bens da sociedade e/ou dos sócios atuais para penhora. Não basta tentar "pular fora".

E somente se estabelecerá solidariedade passiva dos sócios, sociedade e sócio retirante se ficar comprovada fraude na alteração societária.

Voltamos ao tema no comentário ao art. 448-A.

5. Da Prescrição Geral e Intercorrente

O art. 11 da CLT disciplina a prescrição trabalhista, cuja redação ficou assim:

> Art. 11. A pretensão quanto a créditos resultantes das relações de trabalho prescreve em cinco anos para os trabalhadores urbanos e rurais, até o limite de dois anos após a extinção do contrato de trabalho.
>
> I – (revogado);
>
> II – (revogado).
>
> [...]
>
> § 2º Tratando-se de pretensão que envolva pedido de prestações sucessivas decorrente de alteração ou descumprimento do pactuado, a prescrição é total, exceto quando o direito à parcela esteja também assegurado por preceito de lei.
>
> § 3º A interrupção da prescrição somente ocorrerá pelo ajuizamento de reclamação trabalhista, mesmo que em juízo incompetente, ainda que venha a ser extinta sem resolução do mérito, produzindo efeitos apenas em relação aos pedidos idênticos.
>
> Art. 11-A. Ocorre a prescrição intercorrente no processo do trabalho no prazo de dois anos.
>
> § 1º A fluência do prazo prescricional intercorrente inicia-se quando o exequente deixa de cumprir determinação judicial no curso da execução.
>
> § 2º A declaração da prescrição intercorrente pode ser requerida ou declarada de ofício em qualquer grau de jurisdição.

Os incisos I e II foram incorporados ao *caput* do artigo, por isso, revogados.

O § 1º foi mantido em sua redação originária, para dizer que não prescreve a ação que tenha por objeto anotações para fins de prova junto à Previdência Social. Essa regra incorporou a Súmula n. 64 do TST, antigo prejulgado.

O § 2º incorpora, quase literalmente, a Súmula n. 294 do TST, que trata da prescrição total do direito (a prestações sucessivas) decorrente de alteração contratual, "exceto quando o direito à parcela esteja também assegurado por preceito de lei".

O § 3º incorpora a Súmula n. 268 do TST, segundo a qual a reclamação trabalhista, mesmo arquivada, interrompe a prescrição em relação aos pedidos idênticos. E amplia para abranger a reclamação proposta perante juízo incompetente.

O art. 11-A foi acrescido para incorporar a prescrição intercorrente. Prescrição intercorrente consiste na extinção do direito de ação para haver crédito consolidado e já em execução. Como a prescrição se consuma diante de dois eventos, decurso do tempo + inércia do credor, a intercorrente só se consumará quando a execução ficar parada, sem movimentação, por mais de dois anos e poderá ser declarada a requerimento ou de ofício pelo juiz. Então, o processo será extinto, com resolução do mérito. Logicamente, se não tiver ocorrido fato impeditivo (credor incapaz, p. ex.), suspensivo (provocação de órgão extrajudicial de conciliação, mediação e/ou arbitragem) ou interruptivo (ajuizamento de ação judicial).

Havia divergência entre a Súmula n. 327 do STF, que admite a prescrição intercorrente de créditos trabalhistas, e a Súmula n. 114 do TST, que não a admite.

Assim, fica superada a divergência e adotou-se o prazo padrão da prescrição trabalhista de dois anos. Quem conhece os trâmites da execução, sabe que esse prazo é muito exíguo. Com efeito, o credor passa anos à procura do devedor. A prescrição intercorrente dos créditos fiscais da Receita Federal é de cinco anos, conforme art. 40 da Lei n. 6.830/80 (Lei de Execução Fiscal), aplicável subsidiariamente à execução trabalhista.

Essa lei franqueia ao juiz decretar de ofício a prescrição intercorrente de tributo, quando verificar haver decorrido o prazo prescricional a partir da decisão que determinou o arquivamento dos autos. Este arquivamento dá-se depois de decorrida a suspensão da execução pelo prazo máximo de um ano sem que seja localizado o devedor ou encontrados bens penhoráveis. Então, primeiro se suspende a execução por um ano. Não sendo encontrado o devedor ou bens penhoráveis, inicia-se a contagem do prazo para a prescrição intercorrente, a qual se consumará em cinco anos se nenhuma providência o credor adotar.

Logicamente, há que se aplicar esse mesmo rito à prescrição intercorrente trabalhista, com exceção do prazo, que é de dois anos.

Uma dica: poderá o credor utilizar-se amplamente do instituto do protesto judicial (art. 726, § 2º, CPC) para impedir a prescrição.

6. Registros do Empregado

> Art. 47. O empregador que mantiver empregado não registrado nos termos do art. 41 desta Consolidação ficará sujeito a multa no valor de R$ 3.000,00 (três mil reais) por empregado não registrado, acrescido de igual valor em cada reincidência.
>
> § 1º Especificamente quanto à infração a que se refere o *caput* deste artigo, o valor final da multa aplicada será de R$ 800,00 (oitocentos reais) por empregado não registrado, quando se tratar de microempresa ou empresa de pequeno porte.
>
> § 2º A infração de que trata o *caput* deste artigo constitui exceção ao critério da dupla visita.
>
> Art. 47-A. Na hipótese de não serem informados os dados a que se refere o parágrafo único do art. 41 desta Consolidação, o empregador ficará sujeito à multa de R$ 600,00 (seiscentos reais) por empregado prejudicado.

A Lei da Reforma traz uma novidade, que é tratar desigualmente os desiguais, ao atribuir multa bem mais grave para as empresas de grande porte.

O § 1º excepciona da dupla visita, quanto à caracterização da infração por falta dos registros do empregado, ou seja, logo na primeira visita da fiscalização, constatada a infração, a empresa será autuada.

É de se indagar: e em relação ao empregador doméstico? A Lei Complementar n. 150/2015 assim dispõe:

> Art. 25. O empregador que infringir os dispositivos desta Lei estará sujeito a multas de 400 (quatrocentos) a 40.000 (quarenta mil) BTN, segundo a natureza da infração, sua extensão e intenção do infrator, a serem aplicadas em dobro, no caso de reincidência, oposição à fiscalização ou desacato à autoridade.

O art. 47-A institui multa no valor único de R$ 600,00 para todo padrão de empregador que incorrer na falta de informação dos dados de que trata o parágrafo único do art. 41 da CLT:

> Art. 41. Em todas as atividades será obrigatório para o empregador o registro dos respectivos trabalhadores, podendo ser adotados livros, fichas ou sistema eletrônico, conforme instruções a serem expedidas pelo Ministério do Trabalho. *(Redação dada pela Lei n. 7.855, de 24.10.1989)*
>
> Parágrafo único. Além da qualificação civil ou profissional de cada trabalhador, deverão ser anotados todos os dados relativos à sua admissão no emprego, duração e efetividade do trabalho, a férias, acidentes e demais circunstâncias que interessem à proteção do trabalhador. *(Redação dada pela Lei n. 7.855, de 24.10.1989)*

Na nova redação dada ao art. 634, § 2º, consta que esses valores serão reajustados pela TR — Taxa Referencial.

7. O Fim das Horas In Itinere ou em Trânsito

> § 2º O tempo despendido pelo empregado desde a sua residência até a efetiva ocupação do posto de trabalho e para o seu retorno, caminhando ou por qualquer meio de transporte, inclusive o fornecido pelo empregador, não será computado na jornada de trabalho, por não ser tempo à disposição do empregador. § 3º (Revogado). (NR)

A redação anterior era a seguinte:

Art. 58. A duração normal do trabalho, para os empregados em qualquer atividade privada, não excederá de 8 (oito) horas diárias, desde que não seja fixado expressamente outro limite.

§ 1º Não serão descontadas nem computadas como jornada extraordinária as variações de horário no registro de ponto não excedentes de cinco minutos, observado o limite máximo de dez minutos diários. *(Parágrafo incluído pela Lei n. 10.243, de 19.6.2001)*

§ 3º Revogado. Tratava de negociação coletiva para fixar o número de horas em trânsito.

O § 2º, com a nova redação, extingue as horas *in itinere*, ou em trânsito. A Súmula n. 190 do TST considera no tempo de serviço do trabalhador o período que ele passa no transporte para o local de trabalho, em transporte fornecido pelo empregador em virtude de não haver transporte público regular no trajeto. E a Orientação Jurisprudencial n. 98 da SDI-I considera hora *in itinere* também o tempo gasto da portaria da empresa ao local de trabalho. É uma supressão de direito há muito consagrado no sistema nacional.

É uma supressão de direito. No entanto, como diz Machado de Assis, o mal poderá ser o estrumo de um bem, essa solução estimula as empresas a fornecerem transporte para seus trabalhadores, sem o perigo de pagar hora extra pelo tempo gasto no trajeto.

8. Trabalho a Tempo Parcial

> Art. 58-A. Considera-se trabalho em regime de tempo parcial aquele cuja duração não exceda a trinta horas semanais, sem a possibilidade de horas suplementares semanais, ou, ainda, aquele cuja duração não exceda a vinte e seis horas semanais, com a possibilidade de acréscimo de até seis horas suplementares semanais.
>
> [...]
>
> § 3º As horas suplementares à duração do trabalho semanal normal serão pagas com o acréscimo de 50% (cinquenta por cento) sobre o salário-hora normal.
>
> § 4º Na hipótese de o contrato de trabalho em regime de tempo parcial ser estabelecido em número inferior a vinte e seis horas semanais, as horas suplementares a este quantitativo serão consideradas horas extras para fins do pagamento estipulado no § 3º, estando também limitadas a seis horas suplementares semanais.
>
> § 5º As horas suplementares da jornada de trabalho normal poderão ser compensadas diretamente até a semana imediatamente posterior à da sua execução, devendo ser feita a sua quitação na folha de pagamento do mês subsequente, caso não sejam compensadas.
>
> § 6º É facultado ao empregado contratado sob regime de tempo parcial converter um terço do período de férias a que tiver direito em abono pecuniário.
>
> § 7º As férias do regime de tempo parcial são regidas pelo disposto no art. 130 desta Consolidação.

Essa modalidade de trabalho foi implantada no período neoliberal de Fernando Henrique Cardoso, pela MP n. 2.164/2001. Podia ser de até 25 horas semanais. Agora, sofre uma flexibilização para até 30 horas semanais.

Em nota técnica que a ANAMATRA mais seis entidades trabalhistas emitem para o Senado Federal, assim se posicionam:

Do contrato a tempo parcial

Propõe o PLC n. 38/2017 alterar a CLT para flexibilizar contratos que possibilitem pagamento abaixo do salário mínimo, passando a considerar regime de tempo parcial de trabalho (art. 58-A da CLT) aquele cuja duração seja de trinta horas semanais, sem possibilidade de horas extras semanais, ou aquele com jornada de vinte e seis horas semanais ou menos, que pode ser suplementado com mais seis horas extras semanais. Hoje a CLT fala em até vinte e cinco horas semanais, o que equivale a cerca de 57% da jornada do contrato a tempo integral (considerada a jornada semanal de 44 horas). Com esse acréscimo de tempo de jornada nos contratos a tempo parcial, esse tipo de contratação passaria a contemplar jornadas que correspondem a até 73% da jornada admitida no contrato a tempo integral, desnaturando, ao aproximar a jornada dessas duas espécies de contrato, o próprio contrato a tempo parcial e fomentando a substituição de empregados para esse tipo de contratação.

9. Horas Extras, Banco de Horas e Acordo de Compensação

> Art. 59. A duração diária do trabalho poderá ser acrescida de horas extras, em número não excedente de duas, por acordo individual, convenção coletiva ou acordo coletivo de trabalho.
>
> § 1º A remuneração da hora extra será, pelo menos, 50% (cinquenta por cento) superior à da hora normal.
>
> [...]
>
> § 3º Na hipótese de rescisão do contrato de trabalho sem que tenha havido a compensação integral da jornada extraordinária, na forma dos §§ 2º e 5º deste artigo, o trabalhador terá direito ao pagamento das horas extras não compensadas, calculadas sobre o valor da remuneração na data da rescisão.
>
> § 4º (Revogado).
>
> § 5º O banco de horas de que trata o § 2º deste artigo poderá ser pactuado por acordo individual escrito, desde que a compensação ocorra no período máximo de seis meses.
>
> § 6º É lícito o regime de compensação de jornada estabelecido por acordo individual, tácito ou escrito, para a compensação no mesmo mês.

Não há novidade no *caput*, mas apenas melhoria de redação. O § 1º corrige o adicional de hora extra de 20% para 50%. Mantido o § 2º, que trata do banco de horas. O § 3º manda pagar as horas extras não compensadas até a rescisão contratual.

A novidade aparece-nos §§ 5º e 6º, que flexibilizam para admitir a adoção do banco de horas mediante acordo individual. Antes, era matéria de negociação coletiva de trabalho. O § 6º avançou na flexibilização para permitir acordo individual de compensação até tácito, deixando mais vulnerável o trabalhador.

O Banco de Horas foi instituído por medida provisória, e modificado por outra, a Medida Provisória n. 2.164-41, de 24.8.2001, que deu nova redação ao § 2º do art. 59 da CLT, para permitir que, **por acordo ou convenção coletiva de trabalho**, a jornada diária possa ser aumentada para até dez horas sem remuneração de horas extras, desde que a sobrejornada de um dia seja compensada com a diminuição em outro, *de modo que a média das jornadas no período máximo de um ano não ultrapasse a jornada legal*. Sem autorização por instrumento coletivo de trabalho não tinha validade. Na hipótese de rescisão contratual sem que tenha havido a compensação, serão pagas as horas extras, calculadas sobre a remuneração da data da rescisão.

Em relação ao empregado doméstico, a Lei Complementar n. 150/2015 já contempla essa possibilidade mediante acordo entre patrão e empregado.

Na nota técnica que a ANAMATRA emite, juntamente com mais seis entidades trabalhistas, ajuíza que:

> O projeto permite, por exemplo, que, por negociação individual, sejam firmados quaisquer tipos de formas de compensação e estipulado o banco de horas, o que fará com que o empregado, na prática, não passe mais a receber, por exemplo, o adicional de horas extras de 50%, mesmo trabalhando habitualmente acima das 8 horas diárias.

10. Regime de 12 x 36 Horas

> Art. 59-A. Em exceção ao disposto no art. 59 desta Consolidação, é facultado às partes, mediante acordo individual escrito, convenção coletiva ou acordo coletivo de trabalho, estabelecer horário de trabalho de doze horas seguidas por trinta e seis horas ininterruptas de descanso, observados ou indenizados os intervalos para repouso e alimentação.
>
> Parágrafo único. A remuneração mensal pactuada pelo horário previsto no *caput* deste artigo abrange os pagamentos devidos pelo descanso semanal remunerado e pelo descanso em feriados, e serão considerados compensados os feriados e as prorrogações de trabalho noturno, quando houver, de que tratam o art. 70 e o § 5º do art. 73 desta Consolidação.
>
> Art. 59-B. O não atendimento das exigências legais para compensação de jornada, inclusive quando estabelecida mediante acordo tácito, não implica a repetição do pagamento das horas excedentes à jornada normal diária se não ultrapassada a duração máxima semanal, sendo devido apenas o respectivo adicional.
>
> Parágrafo único. A prestação de horas extras habituais não descaracteriza o acordo de compensação de jornada e o banco de horas.

Havia séria restrição às cláusulas de negociação coletiva de trabalho firmadas entre os vigilantes e outras categorias. Até que a Súmula n. 444 validou esse regime de 12 horas de trabalho por 36 de folga, desde que previsto em lei ou estipulado por instrumento coletivo do trabalho.

Súmula n. 444 do TST

JORNADA DE TRABALHO. NORMA COLETIVA. LEI. ESCALA DE 12 POR 36. VALIDADE. — Res. n. 185/2012, DEJT divulgado em 25,

26 e 27.9.2012 — republicada em decorrência do despacho proferido no processo TST-PA-504.280/2012.2 — DEJT divulgado em 26.11.2012

É valida, em caráter excepcional, a jornada de doze horas de trabalho por trinta e seis de descanso, prevista em lei ou ajustada exclusivamente mediante acordo coletivo de trabalho ou convenção coletiva de trabalho, assegurada a remuneração em dobro dos feriados trabalhados. O empregado não tem direito ao pagamento de adicional referente ao labor prestado na décima primeira e décima segunda horas.

Agora, a Súmula perde seu suporte de validade. O art. 59-A banaliza essa possibilidade, que pode ser ajustada inclusive por acordo individual. O art. 59-B exime o empregador de pagar horas extras quando não cumpridas as formalidades, desde que observado o limite máximo de horas semanais.

Assim, se o número de horas semanais não extrapolar do máximo legal, mas ocorreu uma falha formal no rito da compensação, o empregador pagará somente o adicional das horas não compensadas, visto que o principal já terá resultado pago. A regra é justa.

11. Horas Extras em Atividades Insalubres

> Art. 60. [...]
>
> Parágrafo único. Excetuam-se da exigência de licença prévia as jornadas de doze horas de trabalho por trinta e seis horas ininterruptas de descanso.

A lei restringe a prorrogação de jornada em atividades insalubres e perigosas, impondo para tanto muitas formalidades. Apenas foi acrescentado o parágrafo único para dispensar as formalidades em relação às jornadas de 12 por 36 horas.

> Art. 60. Nas atividades insalubres, assim consideradas as constantes dos quadros mencionados no capítulo "Da Segurança e da Medicina do Trabalho", ou que neles venham a ser incluídas por ato do Ministro do Trabalho, Indústria e Comércio, quaisquer prorrogações só poderão ser acordadas mediante licença prévia das autoridades competentes em matéria de higiene do trabalho, as quais, para esse efeito, procederão aos necessários exames locais e à verificação dos métodos e processos de trabalho, quer diretamente, quer por intermédio de autoridades sanitárias federais, estaduais e municipais, com quem entrarão em entendimento para tal fim.

É estranho que para uma jornada particularmente excepcional, ainda que em regime de compensação, a lei dispense a licença prévia da autoridade competente para atividades insalubres. É um descaso com a saúde pública.

Destarte, o adoecimento da população trabalhadora proporciona pesado ônus para a Previdência Social, além do que, a doença adquirida no ou pelo trabalho é equiparada a acidente de trabalho (art. 20 da Lei n. 8.213/1991).

Havendo culpa ou dolo do empregador, ele será responsabilizado pelos danos morais e materiais (art. 7º, XXVIII, da Constituição). E se a doença decorrer da extensão da jornada de trabalho, a culpa fica caracterizada, porque a empresa adotou uma atitude temerosa, assumindo os riscos. Portanto, o uso dessa faculdade pelo empregador é-lhe perigoso.

12. Prorrogação da Jornada para Além do Negociado

> Art. 61. [...]
>
> § 1º O excesso, nos casos deste artigo, pode ser exigido independentemente de convenção coletiva ou acordo coletivo de trabalho.
>
> [...]

A alteração ocorreu apenas no § 1º, para permitir a prorrogação excepcional independentemente de acordo ou convenção coletiva de trabalho. Assim estão redigidos o *caput* e os §§ 2º e 3º, que foram mantidos:

> Art. 61. Ocorrendo necessidade imperiosa, poderá a duração do trabalho exceder do limite legal ou convencionado, seja para fazer face a motivo de força maior, seja para atender à realização ou conclusão de serviços inadiáveis ou cuja inexecução possa acarretar prejuízo manifesto.
>
> § 1º Modificado.
>
> § 2º Nos casos de excesso de horário por motivo de força maior, a remuneração da hora excedente não será inferior à da hora normal. Nos demais casos de excesso previstos neste artigo, a remuneração será, pelo menos, 25% (vinte e cinco por cento) superior à da hora normal, e o trabalho não poderá exceder de 12 (doze) horas, desde que a lei não fixe expressamente outro limite.
>
> § 3º Sempre que ocorrer interrupção do trabalho, resultante de causas acidentais, ou de força maior, que determinem a impossibilidade de sua realização, a duração do trabalho poderá ser prorrogada pelo tempo necessário até o máximo de 2 (duas) horas, durante o número de dias indispensáveis à recuperação do tempo perdido, desde que não exceda de 10 (dez) horas diárias, em período não superior a 45 (quarenta e cinco) dias por ano, sujeita essa recuperação à prévia autorização da autoridade competente.

Obs.: apesar de o § 2º *supra* enunciar que o adicional de horas extras acima da 10ª hora é de 25%, esse adicional nunca será inferior a 50%, desde a promulgação da Constituição de 1988.

13. Trabalhadores sem Direito a Horas Extras

> Art. 62. [...]
>
> [...]
>
> III — os empregados em regime de teletrabalho.
>
> [...]

A alteração ocorreu para incluir na exceção da hora extra os empregados em regime de teletrabalho. O fundamento dessa regra é que esses trabalhadores estão longe do controle do empregador. Por isso, é necessário que essa condição seja registrada na CTPS do empregado e que realmente não haja controle da jornada.

Art. 62. Não são abrangidos pelo regime previsto neste capítulo:

I — os empregados que exercem atividade externa incompatível com a fixação de horário de trabalho, devendo tal condição ser anotada na Carteira de Trabalho e Previdência Social e no registro de empregados;

II — os gerentes, assim considerados os exercentes de cargos de gestão, aos quais se equiparam, para efeito do disposto neste artigo, os diretores e chefes de departamento ou filial.

Parágrafo único. O regime previsto neste capítulo será aplicável aos empregados mencionados no inciso II deste artigo, quando o salário do cargo de confiança, compreendendo a gratificação de função, se houver, for inferior ao valor do respectivo salário efetivo acrescido de 40% (quarenta por cento).

Segundo o art. 62 da CLT, não tem direito a horas extras o trabalhador externo, desde que essa condição **seja anotada em sua CTPS e no Registro de**

Empregados; os gerentes. E, doravante, o empregado em regime de teletrabalho. Cumpre observar que qualquer forma de controle que a empresa exerça sobre a jornada do empregado descaracteriza essa condição especial e gera direito a hora extra, conforme v. acórdão do TRT da 1ª Região:

> Ainda que o empregado trabalhe externamente, na forma do art. 62, *a*, da CLT, tem a jurisprudência entendimento que, se existe rota a ser cumprida, a qual demanda determinado tempo, existe, na realidade, um controle sobre a jornada, a ensejar o direito *às* horas extraordinárias. (RO 22698195 — Relatora Juíza Maria Luíza Soter — 2ª Turma do TRT — DOERJ, Parte III, Seção II, de 15.1.1998)

A Associação Nacional dos Procuradores do Trabalho — ANPT, a Associação Nacional dos Magistrados da Justiça do Trabalho — ANAMATRA, a Associação Brasileira dos Advogados Trabalhistas — ABRAT, o Sindicato Nacional dos Auditores Fiscais do Trabalho — SINAIT, a Associação Latino-Americana de Advogados Laboralistas — ALAL, a Associação Latino-americana de Juízes do Trabalho — ALJT e a Associação Luso-Brasileira de Juristas do Trabalho — JUTRA apresentaram ao Senado Federal uma nota técnica sobre o tema, cujo teor é o seguinte:

Do teletrabalho

(...)

A proposta aprovada no PLC n. 38 visa, em síntese, tratar o teletrabalho como trabalho externo, sem qualquer controle, e, portanto, sem gerar pagamento de horas extras. O empregado pode trabalhar quantas horas diárias lhe forem exigidas, estar conectado o dia inteiro, sem que isso gere o pagamento de jornada extraordinária. Não se pode concordar, no entanto, com esse pensamento precarizante, que obriga o empregado a trabalhar em longas jornadas, sem a respectiva contrapartida pecuniária.

É indispensável que a regulamentação seja feita por meio de lei específica, regulamentando-se o trabalho a distância: como vai ser medida a produtividade, a remuneração, o controle da jornada, e, principalmente, o direito do empregado de se desligar, de não permitir o controle do empregador a partir de determinado momento, enfim, que a legislação garanta ao empregado, o direito de ter uma jornada normal de trabalho e o amplo direito de descanso e lazer.

Ver continuação do comentário no item 15.

14. Supressão de Intervalo Intrajornada

> Art. 71. [...]
>
> [...]
>
> § 4º A não concessão ou a concessão parcial do intervalo intrajornada mínimo, para repouso e alimentação, a empregados urbanos e rurais, implica o pagamento, de natureza indenizatória, apenas do período suprimido, com acréscimo de 50% (cinquenta por cento) sobre o valor da remuneração da hora normal de trabalho.

O § 4º do art. 71 manda pagar como hora extra apenas o tempo que for suprimido ao descanso legal. Com isso, põe abaixo o inciso I da Súmula n. 437 do TST, o qual enuncia que, ainda que a supressão seja apenas parcial, é devido o pagamento como hora extra de todo o intervalo do qual foi suprimida uma parte. Exemplificando: se o intervalo para refeição é de uma hora e a empresa concedeu apenas 40 minutos, pela regra anterior, a empresa pagaria uma hora extra. Pela nova regra, no exemplo citado, a empresa deve apenas 20 minutos.

Outra novidade é que esse pagamento perde sua natureza salarial, para ser mera parcela indenizatória, sobre a qual não incidem contribuições ao INSS e FGTS.

15. Teletrabalho ou Home Office

Art. 75-A. A prestação de serviços pelo empregado em regime de teletrabalho observará o disposto neste Capítulo.

Art. 75-B. Considera-se teletrabalho a prestação de serviços preponderantemente fora das dependências do empregador, com a utilização de tecnologias de informação e de comunicação que, por sua natureza, não se constituam como trabalho externo.

Parágrafo único. O comparecimento às dependências do empregador para a realização de atividades específicas que exijam a presença do empregado no estabelecimento não descaracteriza o regime de teletrabalho.

Art. 75-C. A prestação de serviços na modalidade de teletrabalho deverá constar expressamente do contrato individual de trabalho, que especificará as atividades que serão realizadas pelo empregado.

§ 1º Poderá ser realizada a alteração entre regime presencial e de teletrabalho desde que haja mútuo acordo entre as partes, registrado em aditivo contratual.

§ 2º Poderá ser realizada a alteração do regime de teletrabalho para o presencial por determinação do empregador, garantido prazo de transição mínimo de quinze dias, com correspondente registro em aditivo contratual.

Art. 75-D. As disposições relativas à responsabilidade pela aquisição, manutenção ou fornecimento dos equipamentos tecnológicos e da infraestrutura necessária e adequada à prestação do trabalho remoto, bem como ao reembolso de despesas arcadas pelo empregado, serão previstas em contrato escrito.

Parágrafo único. As utilidades mencionadas no *caput* deste artigo não integram a remuneração do empregado.

> Art. 75-E. O empregador deverá instruir os empregados, de maneira expressa e ostensiva, quanto às precauções a tomar a fim de evitar doenças e acidentes de trabalho.
>
> Parágrafo único. O empregado deverá assinar termo de responsabilidade comprometendo-se a seguir as instruções fornecidas pelo empregador.

O teletrabalho foi implantado no art. 6º da CLT pela Lei n. 12.551/2011:

> Art. 6º Não se distingue entre o trabalho realizado no estabelecimento do empregador, o executado no domicílio do empregado e o realizado a distância, desde que estejam caracterizados os pressupostos da relação de emprego.
>
> Parágrafo único. Os meios telemáticos e informatizados de comando, controle e supervisão se equiparam, para fins de subordinação jurídica, aos meios pessoais e diretos de comando, controle e supervisão do trabalho alheio.

Conforme alteração implantada no inciso III do art. 62 da CLT, esse empregado foi incluído no rol dos que não têm direito a hora extra. No entanto, se houver controle de jornada pelo empregador, pelos meios telemáticos, poderá ocorrer o trabalho extraordinário, que deve ser remunerado.

Teletrabalho é uma espécie do gênero trabalho a distância, cuja espécie mais antiga é o trabalho em domicílio. O conceito de teletrabalho ainda está em construção, visto que a tecnologia avança mais rápido que sua apreensão pelo espírito. Contudo, já é possível delimitar-lhe o sentido assim: *teletrabalho é uma forma de trabalho a distância, exercido mediante o emprego de recursos telemáticos em que o trabalhador sofre o controle patronal*.

Aqui, o empregado trabalha para determinado empregador sem a necessária permanência no estabelecimento da empresa, mas sim em outro lugar, mediante o emprego dos recursos da telemática, de forma que o empregador possa, também pelos meios telemáticos, exercer um certo controle sobre as atividades dele. É uma nova versão do emprego em domicílio, gerando todos os efeitos do contrato de emprego, inclusive as nuances da saúde, como doença do trabalho, doença profissional e acidente de trabalho.

Características do teletrabalho: a) trabalho fora do estabelecimento do empregador; b) emprego de meios informáticos e de telecomunicação, muitas vezes equipamentos portáteis dotados de *hardware* e *software*.

Classificação — Oliveira classifica-o sob duas formas: o *locativo* e o *comunicativo*. O locativo diz respeito ao local da prestação do serviço: no **domicílio** do trabalhador; em **telecentros**, ou centros de trabalho com recursos compartilhados; **itinerante**, com o emprego de equipamentos portáteis. O comunicativo refere-se ao modo como os meios telemáticos estabelecem a comunicação entre o trabalhador e o empregador. Assim, pode ser: em *off-line*, ou desconectado, e em *on-line*, ou conectado. No primeiro caso, o empregado não está interligado direto ao computador central da empresa, enviando seus dados via correio eletrônico ou correio tradicional; no segundo, o trabalhador usa tecnologias informáticas para receber ordens e orientações e para enviar o resultado de seu trabalho para a empresa[4].

Da forma como se vem demonstrando, o teletrabalho poderá ser contratado sob a forma de relação de emprego ou de relação autônoma. Essa modalidade de trabalho comporta perfeitamente dentro do conceito de trabalho intelectual, artístico, científico ou cultural. E, como tal, é possível a contratação sob a forma preconizada no art. 129 da Lei n. 11.196/05, que permite que o trabalhador constitua pessoa jurídica e com isso preste serviço pessoal, de natureza permanente ao tomador de serviço, sem vínculo de emprego.

Em dados de 1996, o teletrabalho já ocupava mais de dez milhões de trabalhadores nos EEUU e é crescente na União Europeia. Essa modalidade já atinge mais de 50% da ocupação em processamento de dados, 33% em tradução, 28% em secretariado e em vendas e *marketing*, 28% em contabilidade e um crescente percentual em serviços bancários.

Esses dados são apenas espelho de uma época inicial. Com o avanço estrondoso da informática, não dá mais para quantificar os exercentes de trabalho a distância. A tendência é essa modalidade tornar-se regra para muitas atividades. Um fenômeno que devolve as pessoas para seus lares, os escritórios serão reduzidos de tamanho e as residências se ampliarão para abrigar também o trabalho. Haverá mais economia para os tomadores de serviço e para os trabalhadores, que não precisarão se deslocar para o trabalho. A civilização entrará em uma nova era, com trânsito calmo e pessoas tranquilas.

Em julho de 2003, o Fórum de Direito da Internet, na França, sugeriu várias providências para o trabalho sob essa modalidade, tendo em vista a concretização do acordo-quadro europeu sobre essa modalidade de trabalho. Ali foi relatado que 7% dos empregados da França estão no teletrabalho, nos mesmos níveis da Alemanha e do Reino Unido, mas em progressão lenta e regular.

Concluiu esse Fórum pela necessidade de uma pactuação coletiva para regulamentar o teletrabalho, mormente porque constatou as seguintes peculiaridades: a) o teletrabalho desenvolve-se num quadro amplamente informal, o que causa insegurança jurídica; b) controle irregular do tempo de trabalho; c) o teletraba-

---

(4) OLIVEIRA, Flávia de Paiva Medeiros. Organização e satisfação no contexto do teletrabalho. *Revista de Administração de Empresas — ERA*, v. 42, n. 3, p. 64, jul./set. 2002.

lhador é um empregado a tempo integral; d) a opção pelo teletrabalho deve ser acompanhada de um conjunto jurídico adaptado e seguro[5][6].

Em nota técnica, a ANAMATRA, com mais seis entidades trabalhistas, emite o seguinte posicionamento:

Do teletrabalho

Da mesma forma, o teletrabalho, que poderia representar, no mundo tecnológico de hoje, uma modalidade de trabalho atrativa e interessante para o trabalhador, tal como colocada, se apresenta como mais um instrumento de flexibilização da relação de trabalho sem contrapartida, de transferência do risco da atividade para o trabalhador, e em síntese, de retirada e sonegação de direitos.

(...)

Sabemos que, atualmente, pelos meios telemáticos disponíveis, é plenamente possível ao empregador controlar a jornada e a produtividade de um trabalhador que labore em sua casa ou fora do ambiente da empresa. Com essa malfadada exceção, a esses trabalhadores poderá ser exigido o trabalho além das 8 horas diárias, 44 semanais, além do trabalho em domingos e feriados, sem contar a perda do direito a adicional noturno, já que não possuem controle de jornada.

Além de tudo, foi acrescentado mais um Capítulo à CLT, denominado CAPÍTULO II-A — DO TELETRABALHO, com o acréscimo de artigos, quais sejam, 75-A, 75-B, 75-C, 75-D e 75-E, dispondo de algumas regras para o teletrabalho, sempre imputando responsabilidades ao empregado, que deveriam ser do empregador, como por exemplo, a aquisição e manutenção dos equipamentos necessários para a realização do trabalho, transferindo para o trabalhador, portanto, os ônus do empreendimento.

E por último, no *caput* do art. 611-A, do substitutivo, houve alteração para dizer que a convenção e o acordo coletivo têm prevalência sobre a lei quando, entre outros, dispuserem sobre:

VIII — teletrabalho, regime de sobreaviso, e trabalho intermitente;

Não é adequado permitir-se que o teletrabalho seja objeto de livre negociação entre patrões e empregados. O instituto já faz parte do nosso

---

(5) GONIÉ, Jean. Le teletravail en France: les principaux points de la recomendation du Fórum des droits sur l'Internet. *Revista Synthesis*, n. 42/06, p. 26-28.
(6) LIMA, Francisco Meton Marques de; LIMA, Francisco Péricles Rodrigues Marques de. *Elementos de direito do trabalho e processo trabalhista*. 16. ed. São Paulo: LTr, 2016.

Direito, estando previsto na CLT, que estabelece que deve haver controle da jornada de trabalho a distância.

O fator subordinação sempre se fez presente para distinguir a existência ou não de controle de jornada de trabalho. É importante referir que a CLT foi modificada em 2011 com o surgimento da Lei n. 12.551, de 15.12.2011, cuja redação passou a ter o seguinte teor:

> "Art. 6º Não se distingue entre o trabalho realizado no estabelecimento do empregador, o executado no domicílio do empregado e o realizado a distância, desde que estejam caracterizados os pressupostos da relação de emprego. (Redação dada pela Lei n. 12.551, de 2011)
>
> Parágrafo único. Os meios telemáticos e informatizados de comando, controle e supervisão se equiparam, para fins de subordinação jurídica, aos meios pessoais e diretos de comando, controle e supervisão do trabalho alheio." (Incluído pela Lei n. 12.551, de 2011)

A proposta aprovada no PLC n. 38 visa, em síntese, tratar o teletrabalho como trabalho externo, sem qualquer controle, e portanto, sem gerar pagamento de horas extras. O empregado pode trabalhar quantas horas diárias lhe forem exigidas, estar conectado o dia inteiro, sem que isso gere o pagamento de jornada extraordinária. Não se pode concordar, no entanto, com esse pensamento precarizante, que obriga o empregado a trabalhar em longas jornadas, sem a respectiva contrapartida pecuniária.

É indispensável que a regulamentação seja feita por meio de lei específica, regulamentando-se o trabalho a distância; como vai ser medida a produtividade, a remuneração, o controle da jornada, e, principalmente, o direito do empregado de se desligar, de não permitir o controle do empregador a partir de determinado momento, enfim, que a legislação garanta ao empregado o direito de ter uma jornada normal de trabalho e o amplo direito de descanso e lazer.

16. Férias — Alterações

> Art. 134. [...]
>
> § 1º Desde que haja concordância do empregado, as férias poderão ser usufruídas em até três períodos, sendo que um deles não poderá ser inferior a quatorze dias corridos e os demais não poderão ser inferiores a cinco dias corridos, cada um.
>
> § 2º (Revogado).
>
> § 3º É vedado o início das férias no período de dois dias que antecede feriado ou dia de repouso semanal remunerado.

Esta Seção da CLT, com cinco artigos e nove parágrafos, sofre apenas três alterações:

a) a possibilidade de negociar individualmente o fracionamento das férias em três períodos, sendo um não inferior a catorze dias e dois não inferiores a cinco. A regra anterior permitia o fracionamento apenas excepcionalmente, em dois períodos, não inferiores a cinco dias cada;

b) revogação do § 2º, que vedava o fracionamento para trabalhadores maiores de 50 anos e menores de 18 anos. A nova Lei acaba com a discriminação que existia a pretexto de proteção do menor e do maior de cinquenta anos, que nem é idoso ainda;

c) vedação de início das férias no período de dois dias que antecede feriado ou repouso semanal.

Não vejo prejuízo aos direitos dos trabalhadores nessas alterações. E a última é ostensivamente mais favorável aos empregados.

17. Do Dano Extrapatrimonial

Art. 223-A. Aplicam-se à reparação de danos de natureza extrapatrimonial decorrentes da relação de trabalho apenas os dispositivos deste Título.

Art. 223-B. Causa dano de natureza extrapatrimonial a ação ou omissão que ofenda a esfera moral ou existencial da pessoa física ou jurídica, as quais são as titulares exclusivas do direito à reparação.

Art. 223-C. A honra, a imagem, a intimidade, a liberdade de ação, a autoestima, a sexualidade, a saúde, o lazer e a integridade física são os bens juridicamente tutelados inerentes à pessoa física.

Art. 223-D. A imagem, a marca, o nome, o segredo empresarial e o sigilo da correspondência são bens juridicamente tutelados inerentes à pessoa jurídica.

Art. 223-E. São responsáveis pelo dano extrapatrimonial todos os que tenham colaborado para a ofensa ao bem jurídico tutelado, na proporção da ação ou da omissão.

Art. 223-F. A reparação por danos extrapatrimoniais pode ser pedida cumulativamente com a indenização por danos materiais decorrentes do mesmo ato lesivo.

§ 1º Se houver cumulação de pedidos, o juízo, ao proferir a decisão, discriminará os valores das indenizações a título de danos patrimoniais e das reparações por danos de natureza extrapatrimonial.

§ 2º A composição das perdas e danos, assim compreendidos os lucros cessantes e os danos emergentes, não interfere na avaliação dos danos extrapatrimoniais.

> Art. 223-G. Ao apreciar o pedido, o juízo considerará:
>
> I — a natureza do bem jurídico tutelado;
>
> II — a intensidade do sofrimento ou da humilhação;
>
> III — a possibilidade de superação física ou psicológica;
>
> IV — os reflexos pessoais e sociais da ação ou da omissão;
>
> V — a extensão e a duração dos efeitos da ofensa;
>
> VI — as condições em que ocorreu a ofensa ou o prejuízo moral;
>
> VII — o grau de dolo ou culpa;
>
> VIII — a ocorrência de retratação espontânea;
>
> IX — o esforço efetivo para minimizar a ofensa;
>
> X — o perdão, tácito ou expresso;
>
> XI — a situação social e econômica das partes envolvidas;
>
> XII — o grau de publicidade da ofensa.
>
> § 1º Se julgar procedente o pedido, o juízo fixará a indenização a ser paga, a cada um dos ofendidos, em um dos seguintes parâmetros, vedada a acumulação:
>
> I — ofensa de natureza leve, até três vezes o último salário contratual do ofendido;
>
> II — ofensa de natureza média, até cinco vezes o último salário contratual do ofendido;
>
> III — ofensa de natureza grave, até vinte vezes o último salário contratual do ofendido;
>
> IV — ofensa de natureza gravíssima, até cinquenta vezes o último salário contratual do ofendido.
>
> § 2º Se o ofendido for pessoa jurídica, a indenização será fixada com observância dos mesmos parâmetros estabelecidos no § 1º deste artigo, mas em relação ao salário contratual do ofensor.
>
> § 3º Na reincidência entre partes idênticas, o juízo poderá elevar ao dobro o valor da indenização.

O berço desse direito é o art. 5º, X, da Constituição Federal:

X — são invioláveis a intimidade, a vida privada, a honra e a imagem das pessoas, assegurado o direito a indenização pelo dano material ou moral decorrente de sua violação.

E o art. 187 do Código Civil traz a base dogmática da reparação civil:

> Art. 186. Aquele que, por ação ou omissão voluntária, negligência ou imprudência, violar direito e causar dano a outrem, ainda que exclusivamente moral, comete ato ilícito.

Essa matéria é cível e decidia-se pelo Código Civil. A Reforma Trabalhista houve por bem incluí-la na CLT, com duas finalidades: a) tarifar o valor das indenizações, com a consequente redução dos valores, que, pelas regras do Direito Comum, seriam mais elevados, como nos casos de acidente de trabalho seguido de morte ou de incapacitação permanente; b) objetivar o direito de as empresas também demandarem reparação por danos morais contra os trabalhadores.

Por outro lado, a tarifação dos valores padece de inconstitucionalidade. A propósito, o Supremo Tribunal Federal já julgou inconstitucional a tarifação do valor dos danos morais prevista na Lei de Imprensa.

Vejam que a Lei fixa o valor conforme o grau da ofensa: leve, média, grave e gravíssima. A ofensa leve conduz a uma reparação máxima de três salários contratuais do ofendido; a média, dez salários; a ofensa grave, vinte vezes o salário contratual; e sendo gravíssima a ofensa, a reparação pode ser fixada em até cinquenta vezes o salário do ofendido. Se o trabalhador ofender a empresa, indenizará na mesma proporção do seu salário. Com isso, o valor das indenizações por danos morais aos trabalhadores ficou muito reduzido, até porque o art. 457 da CLT também foi alterado para retirar a natureza salarial de várias parcelas da remuneração.

Entretanto, apesar de a lei aduzir a "salário contratual", é de entender-se que se refere a todas as parcelas remuneratórias de caráter habitual.

De outra parte, incorre em flagrantes inconsistências hermenêuticas, a exemplo do art. 233-A ao pretender proibir o julgador trabalhista de aplicar o direito como sistema. Nunca! Os juízes apreciarão os pedidos conforme formulados, decidindo o direito posto nas petições. Logo, as regras do Código Civil (arts. 944 a 954), segundo interpretação que lhes fazem os tribunais competentes, serão amplamente empregadas.

Cumpre observar que os parâmetros para fixação de valor estipulados no § 1º do art. 233-G dizem respeito apenas aos danos extrapatrimoniais. Os danos materiais serão calculados segundo as regras já consolidadas do Direito Civil, interpretada pelos Tribunais do Trabalho.

Os direitos da personalidade estão capitulados nos arts. 11 a 21 do Código Civil, que são protegidos, irrenunciáveis e intransigíveis.

A Lei da Reforma expressa que os bens juridicamente tutelados da pessoa física na esfera trabalhista são: a honra, a imagem, a intimidade, a liberdade de ação, a autoestima, a sexualidade, a saúde, o lazer e a integridade física; e em relação às pessoas jurídicas, a imagem, a marca, o nome, o segredo empresarial e o sigilo da correspondência são bens juridicamente tutelados inerentes à pessoa jurídica. Pela natureza dos direitos da pessoa e seus atributos, essa lista não é fechada, aí se incluindo qualquer outra situação correlata.

Diz o art. 223-B que as titulares exclusivas do direito à reparação são as pessoas ofendidas. No entanto, em se tratando de morto, a reparação pode ser postulada em juízo pelo cônjuge ou companheiro e pelos sucessores, cf. art. 12 do Código Civil:

> Pode-se exigir que cesse a ameaça, ou a lesão, a direito da personalidade, e reclamar perdas e danos, sem prejuízo de outras sanções previstas em lei.
>
> Parágrafo único. Em se tratando de morto, terá legitimação para requerer a medida prevista neste artigo o cônjuge sobrevivente, ou qualquer parente em linha reta, ou colateral até o quarto grau.

Outra novidade, diz respeito aos responsáveis pelas reparações: "Art. 223-E. São responsáveis pelo dano extrapatrimonial todos os que tenham colaborado para a ofensa ao bem jurídico tutelado, na proporção da ação ou da omissão".

Esse art. 223-E dá a entender que, por exemplo, se um gerente e outro graduado da empresa ofendem a esfera moral do empregado, serão eles os responsáveis na proporção da respectiva participação na ofensa. Sim, porém, não se pode olvidar a regra geral cravada no art. 932 do Código Civil, afinal, o trabalhador é, antes de tudo, um cidadão e não pode, no âmbito trabalhista, ter essa condição rebaixada:

> Art. 932. São também responsáveis pela reparação civil:
>
> I — os pais, pelos filhos menores que estiverem sob sua autoridade e em sua companhia;
>
> II — o tutor e o curador, pelos pupilos e curatelados, que se acharem nas mesmas condições;
>
> III — o empregador ou comitente, por seus empregados, serviçais e prepostos, no exercício do trabalho que lhes competir, ou em razão dele; (marcamos)
>
> IV — os donos de hotéis, hospedarias, casas ou estabelecimentos onde se albergue por dinheiro, mesmo para fins de educação, pelos seus hóspedes, moradores e educandos;

V — os que gratuitamente houverem participado nos produtos do crime, até a concorrente quantia.

Por isso, o dano que alguém causar ao trabalhador, efetivo ou eventual, ou terceirizado será de responsabilidade do empregador. Do ponto de vista trabalhista, são solidariamente responsáveis todos os que concorrerem para o evento danoso. Logicamente, a empresa terá as ações cabíveis contra o ofensor.

18. Proteção da Maternidade

Art. 394-A. Sem prejuízo de sua remuneração, nesta incluído o valor do adicional de insalubridade, a empregada deverá ser afastada de:

I — atividades consideradas insalubres em grau máximo, enquanto durar a gestação;

II — atividades consideradas insalubres em grau médio ou mínimo, quando apresentar atestado de saúde, emitido por médico de confiança da mulher, que recomende o afastamento durante a gestação;

III — atividades consideradas insalubres em qualquer grau, quando apresentar atestado de saúde, emitido por médico de confiança da mulher, que recomende o afastamento durante a lactação.

§ 1º [...]

§ 2º Cabe à empresa pagar o adicional de insalubridade à gestante ou à lactante, efetivando-se a compensação, observado o disposto no art. 248 da Constituição Federal, por ocasião do recolhimento das contribuições incidentes sobre a folha de salários e demais rendimentos pagos ou creditados, a qualquer título, à pessoa física que lhe preste serviço.

§ 3º Quando não for possível que a gestante ou a lactante afastada nos termos do *caput* deste artigo exerça suas atividades em local salubre na empresa, a hipótese será considerada como gravidez de risco e ensejará a percepção de salário-maternidade, nos termos da Lei n. 8.213, de 24 de julho de 1991, durante todo o período de afastamento.

Art. 396. [...]

> § 1º [...]
> § 2º Os horários dos descansos previstos no *caput* deste artigo deverão ser definidos em acordo individual entre a mulher e o empregador.

As alteração levadas a efeito flexibilizam a proibição à mulher **gestante** ou lactante de exercer atividade insalubre. Assim, só haverá afastamento obrigatório, **apenas para a gestante**, em atividade insalubre em grau máximo; em grau médio depende de atestado médico; e em relação à **lactante**, o afastamento de atividade insalubre em qualquer grau depende de atestado médico. A regra anterior, com redação muito recente, assim dispunha:

> Art. 394-A. A empregada gestante ou lactante será afastada, enquanto durar a gestação e a lactação, de quaisquer atividades, operações ou locais insalubres, devendo exercer suas atividades em local salubre. *(Incluído pela Lei n. 13.287, de 2016)*

As novas regras atentam contra a saúde, porque, na verdade, o afastamento da gestante e da lactante dos ambientes insalubres, em qualquer grau, deve ser compulsório, devendo ela ser realocada, sem prejuízo do adicional de insalubridade.

O art. 396 assegura à lactante, dois intervalos de meia hora cada para amamentar durante os primeiros seis meses do filho. E o parágrafo único autoriza dilatar o período para além dos seis meses por recomendação da autoridade competente.

A alteração converteu o parágrafo único em 1º e criou o § 2º para franquear a definição dos horários em que serão concedidos os intervalos para amamentação por acordo individual.

19. Alterações das Regras do Contrato de Trabalho

O contrato individual de trabalho sofreu sensíveis alterações, que flexibilizam o modelo anterior; cria o contrato de trabalho intermitente; reduz os itens da remuneração com natureza salarial; modifica a equiparação salarial e facilita a rescisão contratual. Para efeito didático, dividimos esse item em onze subitens.

19.1. Contrato de autônomo

> Art. 442-B. A contratação do autônomo, cumpridas por este todas as formalidades legais, com ou sem exclusividade, de forma contínua ou não, afasta a qualidade de empregado prevista no art. 3º desta Consolidação.

Amauri M. Nascimento resume: "Aqueles que detêm o poder de direção da própria atividade são autônomos e aqueles que alienam o poder de direção sobre o próprio trabalho para terceiros em troca de remuneração são subordinados".

Esse artigo objetiva esvaziar a pretensão dos trabalhadores que assinam contrato de autônomo e depois reivindicam os benefícios do vínculo de emprego. Essa prática é comum entre representantes comerciais, dentre outras categorias.

Mas não tem jeito. A relação de emprego define-se pelos fatos que configuram as suas características: *pessoalidade* da prestação do serviço, *não eventualidade*, *subordinação* hierárquica ao empregador e *remuneração*, conforme art. 3º da CLT, não revogado. É contrato-realidade. Estando presentes esses elementos, todo escrito em contrário não tem eficácia, por força do art. 9º da CLT, segundo o qual "Serão nulos de pleno direito os atos praticados com o objetivo de desvirtuar, impedir ou fraudar a aplicação dos preceitos contidos na presente Consolidação".

Além disso, contra a forma falsa opera o **princípio da primazia da realidade**, segundo o qual, havendo discrepância entre a forma e os fatos, prevalecem estes.

Por fim, nenhum ato, seja de que origem for, ficará isento de apreciação pelo Poder Judiciário, conforme inciso XXXV do art. 5º da Constituição Federal, cláusula pétrea (§ 4º do art. 60, CF), que somente por outra Constituinte poderá ser revogado.

Concluindo, na prática, o dito do art. 442-B não terá eficácia alguma.

19.2. Contrato de trabalho intermitente — definição

> Art. 443. O contrato individual de trabalho poderá ser acordado tácita ou expressamente, verbalmente ou por escrito, por prazo determinado ou indeterminado, ou para prestação de trabalho intermitente.
>
> [...]
>
> § 3º Considera-se como intermitente o contrato de trabalho no qual a prestação de serviços, com subordinação, não é contínua, ocorrendo com alternância de períodos de prestação de serviços e de inatividade, determinados em horas, dias ou meses, independentemente do tipo de atividade do empregado e do empregador, exceto para os aeronautas, regidos por legislação própria.

A alteração no *caput* se deu para incluir o trabalho intermitente ou por hora entre os contratos de trabalho.

E o § 3º foi acrescido para definir o contrato de trabalho intermitente.

Ver continuação no art. 452-A, que o regulamenta no *caput* e nove parágrafos.

19.3. Negociação individual equivalente à coletiva

> Art. 444. [...]
>
> Parágrafo único. A livre estipulação a que se refere o *caput* deste artigo aplica-se às hipóteses previstas no art. 611-A desta Consolidação, com a mesma eficácia legal e preponderância sobre os instrumentos coletivos, no caso de empregado portador de diploma de nível superior e que perceba salário mensal igual ou superior a duas vezes o limite máximo dos benefícios do Regime Geral de Previdência Social.

O art. 468 da CLT veda a alteração contratual lesiva ao empregado, ainda que ele concorde.

O art. 611-A foi acrescido pela Reforma para flexibilizar os direitos trabalhistas mediante negociação coletiva do trabalho, quebrando a rigidez do art. 468, fazendo prevalecer o negociado sobre o legislado. Assim dispõe o *caput* do art. 444:

> Art. 444. As relações contratuais de trabalho podem ser objeto de livre estipulação das partes interessadas em tudo quanto não contravenha às disposições de proteção ao trabalho, aos contratos coletivos que lhes sejam aplicáveis e às decisões das autoridades competentes.

Pois bem. Esse artigo ganhou um parágrafo com a lei da Reforma, para permitir que o trabalhador portador de diploma de nível superior, com remuneração igual ou superior a duas vezes o valor do maior benefício previdenciário (o valor do maior benefício previdenciário é R$ 5.531,31 a partir de 1º.1.2017) pode negociar individualmente, sem intervenção do sindicato, naquelas matérias que o art. 611-A elenca como passíveis de negociação coletiva. Ou seja, esse empregado prescinde de tutela sindical e estatal.

Todavia, há que se observar que, naquelas matérias em que a Constituição exige negociação coletiva, como nos incisos VI (redução temporária de salário e jornada), XIII (jornada de trabalho), XIV (turno ininterrupto de revezamento), do art. 7º, o legislador ordinário não tem poder para dispor.

Portanto, nas citadas matérias, continua a vedação de negociação individual para reduzir direitos, o que torna nulo o ato (inclusive lei de qualquer hierarquia) que desobedecer à norma superior. Para ganho do trabalhador, a negociação é sempre livre, por força do art. 7º, *in fine*, da Constituição.

Outrossim, a vontade há de ser isenta de vício de consentimento, como erro, ignorância, dolo, fraude etc., conforme arts. 138 e segs. do Código Civil. Na dúvida, há que se aplicar a regra *in dubio pro operario*. Ficar de olho também no **princípio da irrenunciabilidade**, que tem por fundamento o vício presumido de consentimento, com assento no art. 9º da CLT.

19.4. Sucessão de empresas

> Art. 448-A. Caracterizada a sucessão empresarial ou de empregadores prevista nos arts. 10 e 448 desta Consolidação, as obrigações trabalhistas, inclusive as contraídas à época em que os empregados trabalhavam para a empresa sucedida, são de responsabilidade do sucessor.
>
> Parágrafo único. A empresa sucedida responderá solidariamente com a sucessora quando ficar comprovada fraude na transferência.

Assim preceituam os arts. 448 e 449 da CLT:

> Art. 448. A mudança na propriedade ou na estrutura jurídica da empresa não afetará os contratos de trabalho dos respectivos empregados.
>
> Art. 449. Os direitos oriundos da existência do contrato de trabalho subsistirão em caso de falência, concordata ou dissolução da empresa.

A mudança na lei se deu para deixar bem claro que a empresa sucessora herda as dívidas trabalhistas, inclusive as contraídas antes da sucessão. E que haverá solidariedade passiva trabalhista entre as empresas quando ficar comprovada fraude na transferência.

Não há novidade, pois esse é o direito há muito consagrado pela jurisprudência, conforme OJ n. 261 da SbDI-1 do TST:

> **BANCOS. SUCESSÃO TRABALHISTA**
>
> As obrigações trabalhistas, inclusive as contraídas à época em que os empregados trabalhavam para o banco sucedido, são de responsabilidade do sucessor, uma vez que a este foram transferidos os ativos, as agências, os direitos e deveres contratuais, caracterizando típica sucessão trabalhista.

Russomano averba que "dá-se a sucessão quando uma firma assume o ativo e o passivo de outra, prosseguindo na negociação da firma anterior". São dois os requisitos da sucessão: a) que um estabelecimento, comunidade econômico-jurídica, passe de um para outro titular; e b) que a prestação de serviço pelos empregados não sofra solução de continuidade.

Esta é a regra geral, de fácil compreensão, porém surgem os casos nebulosos, como o das empresas de ônibus que ganham a concorrência e obrigam-se, no contrato de concessão, a aproveitar os trabalhadores da empresa que perdeu a concessão; da empresa que adquire, encampa, incorpora, etc. outra e a desativa, não dando prosseguimento à atividade econômica, ou muda seu objeto de exploração econômica. Na dúvida, *pro operario*.

A União, os Estados, Distrito Federal e Municípios sucedem as empresas públicas e sociedades de economia mista em liquidação, conforme OJ n. 343 da SDI-I. Na privatização das estatais, a empresa adquirente será sucessora; nas concessões públicas, a vencedora sucede a vencida, em regra; e já se cogita da sucessão de provedores da Internet.

O contrato de trabalho é *intuitu personae* ou pessoal só em relação ao obreiro. Em relação ao empregador, a tendência é de impessoalizá-lo. O importante é a continuidade da empresa e dos liames laborais, indiferente a mudanças no tipo societário, na razão social, na denominação, na titularidade, ou mesmo a desconstituição como pessoa jurídica para permanecer só como de fato:

Encerramento formal da empresa. Continuidade de fato. Subsistente a relação empregatícia — Extinta a empresa, mas comprovada a continuidade na prestação do serviço, mantém-se inalterada a relação empregatícia — art. 448, CLT. (TRT, 22ª Reg. Rel. Juiz Francisco Meton Marques de Lima)[7]

Contudo, "Inexiste sucessão trabalhista, se a empresa adquire o acervo daquela que faliu, através de terceiro adquirente, que por sua vez arrematou os bens em hasta pública".

Os arts. 60, parágrafo único, e 141, II, da Lei de Recuperação Judicial n. 11.101/05, eximem a empresa adquirente do acervo da falida das obrigações trabalhistas desta.

Em relação a Municípios desmembrados, a OJ n. 92 dispõe: "Em caso de criação de novo município, por desmembramento, cada uma das novas entidades responsabiliza-se pelos direitos trabalhistas do empregado no período em que figurarem como real empregador".

Ver comentário ao art. 10-A sobre a responsabilidade do sócio retirante.

19.5. Trabalho intermitente — regulamentação

> Art. 452-A. O contrato de trabalho intermitente deve ser celebrado por escrito e deve conter especificamente o valor da hora de trabalho, que não pode ser inferior ao valor horário do salário mínimo ou àquele devido aos demais empregados do estabelecimento que exerçam a mesma função em contrato intermitente ou não.
>
> § 1º O empregador convocará, por qualquer meio de comunicação eficaz, para a prestação de serviços, informando qual será a jornada, com, pelo menos, três dias corridos de antecedência.
>
> § 2º Recebida a convocação, o empregado terá o prazo de um dia útil para responder ao chamado, presumindo-se, no silêncio, a recusa.
>
> § 3º A recusa da oferta não descaracteriza a subordinação para fins do contrato de trabalho intermitente.
>
> § 4º Aceita a oferta para o comparecimento ao trabalho, a parte que descumprir, sem justo motivo, pagará à outra parte, no prazo de trinta dias, multa de 50% (cinquenta por cento) da remuneração que seria devida, permitida a compensação em igual prazo.

---

(7) *Revista Gênesis*, jul. 1994.

> § 5º O período de inatividade não será considerado tempo à disposição do empregador, podendo o trabalhador prestar serviços a outros contratantes.
>
> § 6º Ao final de cada período de prestação de serviço, o empregado receberá o pagamento imediato das seguintes parcelas:
>
>> I — remuneração;
>>
>> II — férias proporcionais com acréscimo de um terço;
>>
>> III — décimo terceiro salário proporcional;
>>
>> IV — repouso semanal remunerado; e
>>
>> V — adicionais legais.
>
> § 7º O recibo de pagamento deverá conter a discriminação dos valores pagos relativos a cada uma das parcelas referidas no § 6º deste artigo.
>
> § 8º O empregador efetuará o recolhimento da contribuição previdenciária e o depósito do Fundo de Garantia do Tempo de Serviço, na forma da lei, com base nos valores pagos no período mensal e fornecerá ao empregado comprovante do cumprimento dessas obrigações.
>
> § 9º A cada doze meses, o empregado adquire direito a usufruir, nos doze meses subsequentes, um mês de férias, período no qual não poderá ser convocado para prestar serviços pelo mesmo empregador.

Intermitente é o trabalho prestado sem dia e horário fixos de trabalho. O contrato deverá ser por escrito e conter especificamente o valor da hora de trabalho, que não pode ser inferior ao valor-horário do salário mínimo ou àquele pago aos demais empregados que exerçam a mesma função em contrato intermitente ou não.

Apesar de a lei falar em salário mínimo/hora, leia-se "salário mínimo legal" ou "salário mínimo profissional", ou seja, fixado por lei ou por negociação coletiva do trabalho, que deve servir de base de cálculo para a remuneração. Quando o empregado pertence a uma categoria que tem piso salarial fixado por lei ou por negociação coletiva, este é o salário mínimo desse empregado.

O empregado deverá ser convocado com, no mínimo, três dias corridos de antecedência. No período de inatividade, o trabalhador poderá prestar serviços a outros contratantes. Ao final de cada período de prestação de serviço, o empregado receberá o pagamento imediato das parcelas do salário, férias e décimo terceiro salário proporcionais. Também haverá o recolhimento da contribuição previdenciária e do FGTS.

A maior crítica que pesa a essa nova modalidade contratual assenta no § 4º, segundo o qual aceita a oferta para o comparecimento ao trabalho, a parte que descumprir, **sem justo motivo**, pagará à outra parte, no prazo de trinta dias, multa de **50% da remuneração** que seria devida, permitida a compensação em igual prazo. Feita a convocação pelo empregador, com três dias de antecedência, o empregado tem um dia útil para responder, cujo silêncio equivale a recusa. Mas se o trabalhador confirmar e faltar injustificadamente indenizará à empresa no equivalente a 50% do que ganharia no período para o qual faltou, valor este que poderá ser compensado com os ganhos futuros auferidos no prazo de trinta dias.

O justo motivo é muito subjetivo, no entanto, é pacífico que as faltas que caracterizam interrupção contratual são as legais, cf. art. 473 da CLT, os casos de doença atestados por médico e outros casos que, segundo os usos e costumes, justifiquem.

Como se vê, a real preocupação do Governo, ao formalizar essa relação que era apenas da prática informal, é com a arrecadação.

Essa modalidade contratual atinge em cheio a categoria de trabalhadores em bares, restaurantes, casas noturnas, bufês e similares, que não mais terão remuneração estável no estabelecimento em que trabalham, tendo que trabalhar como loucos em múltiplos estabelecimentos para garantir uma base salarial digna.

Por solicitação e pressão da categoria dos aeronautas, o projeto passou a definir que trabalho intermitente será proibido em casos de profissões regidas por legislação específica.

Em nota técnica, a ANAMATRA, mais seis entidades trabalhistas, assim se posiciona:

Do trabalho intermitente ou contrato a Zero Hora

Nos termos da redação dada ao art. 443 da CLT pelo PLC n. 38/2017, o contrato de trabalho poderá ter como objeto a prestação de trabalho intermitente. (...)

Nesta modalidade de contrato de trabalho, o trabalhador só trabalha e recebe remuneração quando chamado pela empresa, não havendo garantia de jornada mínima e de renda mínima. Assim, ao contrário do que ocorre no sistema vigente, em que o tempo à disposição da empresa é pago ao trabalhador, o trabalhador poderá trabalhar algumas horas em uma semana, em um mês, em um ano, fazendo jus apenas às horas efetivamente trabalhadas. Dessa forma, poderá nada receber ou auferir remuneração inferior ao salário mínimo, em flagrante ofensa ao disposto no art. 7º, inciso IV, da Constituição, segundo o qual trabalhadores urbanos e rurais têm direito ao salário mínimo fixado em lei, nacionalmente unificado, que deve ser suficiente para atender às necessidades vitais básicas do trabalhador e de sua família.

Além disso, o pagamento de direitos como 13º salário, férias, Fundo de Garantia do Tempo de Serviço e repouso semanal remunerado será sempre proporcional às horas trabalhadas, sendo que o trabalhador não terá qualquer garantia de que será chamado pela empresa para trabalhar, nem quando, nem por quantas horas. Trata-se de uma situação de total insegurança que impede o trabalhador de ter a previsibilidade da remuneração que ganhará para pagar as contas do mês. Tampouco poderá esse trabalhador, em jornadas intermitentes, assumir uma dívida para comprar a casa própria, por exemplo.

A prestação de trabalho intermitente iguala o trabalhador a uma máquina, que é ligada e desligada conforme a demanda. Além de transferir o risco da atividade para o trabalhador, o trabalho intermitente indiscriminado, porque independe do tipo de atividade do empregado e do empregador, ofende frontalmente o art. 1º da Constituição, que em seu inciso IV estabelece como fundamento do Estado Democrático de Direito o valor social do trabalho. Também o princípio da valorização do trabalho humano, em que se funda a ordem econômica, resta violado no texto do art. 170 da Constituição Federal.

E tornando esse tipo de relação de trabalho ainda mais precária, impõe-se ao trabalhador o pagamento de multa de 50% (cinquenta por cento) da remuneração que seria devida, caso, depois de aceita a oferta para o comparecimento ao trabalho, não possa trabalhar.

Trata-se, em verdade, da "formalização" e institucionalização do popularmente conhecido "bico" ou "biscate". As empresas eliminam o custo com o contrato de trabalho formal, digno, lançando mão da força de trabalho dos muitos trabalhadores que terão à disposição somente quando houver demanda para tanto. Tal medida visa, certamente, baratear os custos das empresas, o que seria legítimo não fosse fundada na retirada de direitos e precarização das relações de emprego. A jornada intermitente contraria, portanto, tudo o que o direito do trabalho preconiza, negando a própria razão de existir deste.

Ademais, não há qualquer dispositivo no PLC n. 38, nem no voto do relator Senador Ricardo Ferraço que garanta a manutenção dos atuais níveis de emprego para se utilizar mão desta contratação, de modo que nada impede que, depois de aprovada e sancionada essa Reforma Trabalhista, trabalhadores como garçons, cozinheiros, vendedores, por exemplo, sejam demitidos do contrato de trabalho a prazo indeterminado para serem recontratados como trabalhadores intermitentes, sem quaisquer garantias de renda e com grande possibilidade de receber menos do que o salário mínimo mensal.

19.6. Fardamento

> Art. 456-A. Cabe ao empregador definir o padrão de vestimenta no meio ambiente laboral, sendo lícita a inclusão no uniforme de logomarcas da própria empresa ou de empresas parceiras e de outros itens de identificação relacionados à atividade desempenhada.
>
> Parágrafo único. A higienização do uniforme é de responsabilidade do trabalhador, salvo nas hipóteses em que forem necessários procedimentos ou produtos diferentes dos utilizados para a higienização das vestimentas de uso comum.

Este artigo foi incluído para que o empregador tenha um instrumento legal para exigir o uso de farda no trabalho e nesta colocar os signos de propaganda da empresa, das conveniadas, patrocinadoras etc. Essa prática é comum no meio esportivo, em que os uniformes dos atletas são apinhados de logomarcas.

Cumpre observar que, quando o empregador exige uso de fardamenta, a ele cabe o ônus, pois o empregado não pode arcar com o custo de vestimenta que lhe é imposta. O novo preceito do parágrafo único parece deixar claro isso, impondo, porém, ao trabalhador a responsabilidade de lavar e passar a farda. No entanto, corre por conta do empregador quando a higienização da farda exigir produtos e/ou procedimentos especiais.

O § 2º do art. 458 preceitua que, para os efeitos previstos neste artigo, não serão consideradas como salário as seguintes utilidades concedidas pelo empregador: I — vestuários, equipamentos e outros acessórios fornecidos aos empregados e utilizados no local de trabalho, para a prestação do serviço.

19.7. Remuneração e salário

> Art. 457. [...]
>
> § 1º Integram o salário a importância fixa estipulada, as gratificações legais e as comissões pagas pelo empregador.
>
> § 2º As importâncias, ainda que habituais, pagas a título de ajuda de custo, auxílio-alimentação, vedado seu pagamento em dinheiro, diárias para viagem, prêmios e abonos não integram a remuneração do empregado, não se incorporam ao contrato de trabalho e não constituem base de incidência de qualquer encargo trabalhista e previdenciário.

O *caput* do art. 457 diz que compreendem na remuneração as parcelas pagas diretamente pelo empregador e as gorjetas. A Lei n. 13.419/2017 acrescentou nove parágrafos ao art. 457 para regulamentar a gorjeta.

A reforma introduzida nos §§ 1º e 2º reduz os direitos trabalhistas e alivia o custo dos empregados para as empresas, pois considera salário tão somente a importância fixa, as gratificações legais e as comissões pagas pelo empregador. A redação anterior assim preceituava:

> § 1º Integram o salário não só a importância fixa estipulada, como também as comissões, percentagens, gratificações ajustadas, diárias para viagens e abonos pagos pelo empregador.
>
> § 2º Não se incluem nos salários as ajudas de custo, assim como as diárias para viagem que não excedam de 50% (cinquenta por cento) do salário percebido pelo empregado.

Pelo direito anterior, todas as parcelas elencadas no § 1º do art. 457 integravam o salário, ou seja, eram computadas para remuneração de férias, de 13º salário, cálculo de horas extras, repouso semanal, recolhimentos de INSS e de FGTS, além de integrarem a base de cálculo da rescisão contratual.

Assim, a Reforma excluiu do salário o auxílio-alimentação, os abonos, os prêmios, as ajudas de custo e as diárias para viagens. Ou seja, essas parcelas não integram o salário, podendo ser excluídas a qualquer momento; não integram a remuneração de férias, de 13º salário e a base de cálculo da rescisão contratual, e sobre tais parcelas não incidirão INSS, FGTS.

Em toda norma há incongruências e imprecisões, cabendo ao intérprete oficial o papel de harmonizar o seu entendimento, segundo o sistema legal integral. Como no regime democrático e de pluralismo esférico os conceitos não são fechados, cada coisa se representa por várias versões, os textos legais estão longe de dizer tudo.

Por sua vez, não é apenas o *nomem juris* que vai descaracterizar o salário. O empregador pode dar o nome que quiser a qualquer parcela paga a qualquer título para tangenciar os encargos trabalhistas. Entretanto, se ele der a uma parcela salarial outro nome não salarial estará incorrendo em ilegalidade, sendo nulo de pleno direito, conforme art. 9º da CLT. Por exemplo, auxílio-alimentação não é o mesmo que salário-alimentação, conforme veremos abaixo. O primeiro não é salário; o segundo, sim.

Vejam que o § 1º diz que só três coisas compõem o salário: o fixo, as comissões e as gratificações legais.

Mas o § 2º exclui da natureza salarial apenas cinco coisas: auxílio-alimentação, prêmios, ajuda de custo, diárias e abono.

Ocorre que muitas são as parcelas que integram o ganho dos trabalhadores, como gorjeta, gratificações contratuais, adicionais legais etc.

Assim, dúvida não resta que a reforma exclui do salário os prêmios, as diárias e o auxílio-alimentação. Quanto à ajuda de custo, às gratificações contratuais e ao abono, há que se observar o que se segue:

Logicamente, o termo "gratificações legais" compreende também aquelas estipuladas em negociação coletiva do trabalho, em regulamento da empresa e em avença individual. Isto porque o contrato — individual, coletivo e regulamento de empresa — integra as fontes formais primárias do Direito do Trabalho, conforme art. 8º da CLT.

A doutrina assim trata da matéria:

> **Gratificação** — significa agradecimento, reconhecimento. Aluysio Sampaio define-a como "a importância paga diretamente pelo empregador ao empregado, obrigatória ou aleatoriamente, conforme o caso, podendo ou não integrar o salário". Integra o salário a gratificação que deriva de lei ou de ajuste das partes, individual ou coletivamente. O ajuste pode ser tácito, assim considerado quando a gratificação é paga com habitualidade. Daí resultam duas espécies: gratificação-liberalidade, que só integra o salário se se tornar habitual (conforme Súmulas ns. 207 do STF e 152 do TST), e gratificação-obrigação, que integra o salário. Não é fácil definir com precisão a gratificação, especialmente se for paga sob outra denominação. Do ponto de vista legal e contratual não há dificuldade; podemos enumerar várias: gratificação de função, de balanço, natalina.
>
> **Gorjeta** — gratificação recebida de terceiros pelos empregados por ocasião dos serviços prestados na própria organização do empregador. A gorjeta genuína, dada espontaneamente, poderá integrar o salário do obreiro, conforme negociação coletiva. Mas a que é cobrada na conta, por norma da empresa, para ser distribuída entre os empregados, ou fixada em determinado percentual com pagamento facultativo pelo cliente, passou a integrar o salário para todos os efeitos legais, a partir da Lei n. 13.419/2017, que mudou o entendimento sedimentado na Súmula n. 354 do TST, que não a considera para efeito de aviso-prévio, repouso remunerado, hora extra e adicional noturno. Como integra a remuneração, deve ser considerada para efeitos de férias, INSS, FGTS e 13º salário.
>
> **Abonos** — em regra, são aumentos provisórios de salários, normalmente para atender a uma situação emergencial, enquanto não sai o aumento ou reajuste definitivo. Não se confunde com o abono de férias previsto no art. 143 da CLT: "É facultado ao empregado converter um terço do período de férias a que tiver direito em abono pecuniário, no valor da remuneração que lhe seria devida nos dias correspondentes". O abono salarial integra o salário, mas o abono de férias não integra o salário para efeitos trabalhistas e previdenciários.

Assim, segundo o conceito de abono como adiantamento de futuro aumento salarial, **há que integrar o salário.**

Adicionais — os adicionais equiparam-se às gratificações, pois, na verdade, eles gratificam determinadas atividades, diz Russomano[8] (*Comentários à CLT*, p. 449).

Os adicionais derivam ora de lei (adicionais noturno, de insalubridade ou de periculosidade, de transferência, de hora extra), ora de instrumento coletivo (adicional de produtividade), ora do contrato individual (adicional por tempo de serviço, adicional em virtude de área de difícil acesso etc.). O adicional noturno é de 20% para o trabalhador urbano e 25% para o rural; o adicional de insalubridade varia de 10%, 20% ou 40%, sobre o salário mínimo ou outro valor que venha a ser fixado por lei, conforme o grau mínimo, médio ou máximo da insalubridade; o adicional de periculosidade é de 30% sobre o salário-base contratual do empregado, em regra; o adicional de transferência é de 25%; e o adicional de hora extra é de no mínimo 50%. Todos esses adicionais integram o salário.

Os adicionais, portanto, integram o salário para todos os efeitos legais.

Comissões — são participações diretas do empregado no resultado dos negócios. Representam-se por percentuais sobre o valor dos negócios ou por quantia fixa por operação efetuada (por venda efetuada, por exemplo). **Integram o salário para todos os efeitos legais: repouso semanal, férias, 13º salário, FGTS, INSS, cálculos rescisórios, horas extras, Imposto de Renda, Contribuição Sindical etc.**

Ajudas de custo — importâncias pagas pelo empregador, ao empregado, a fim de proporcionar a este condições necessárias à execução do serviço. Denomina-se também ajuda de custo a quantia paga em virtude de viagem do empregado a serviço.

Na verdade, a ajuda de custo assume três conotações e consequentes efeitos diferentes: a) **quando é paga pelo empregador ao empregado, em caráter habitual, a fim de proporcionar condições necessárias à execução do serviço é salário em qualquer quantia,** porque tem natureza de gratificação contratual; b) quando paga para cobrir as despesas de mudança não integra o salário; c) quando paga em virtude de viagem a serviço também não integra o salário.

Diárias — diárias de viagens são importâncias pagas pelo empregador destinadas a custear as despesas com alimentação, hospedagem, transporte etc., necessárias ao desempenho da missão. Tinha natureza salarial quando ultrapassava 50% do total das parcelas salariais habituais; não ultrapassando os 50%, tinha natureza indenizatória (antiga redação

---

(8) RUSSOMANO, Mozart Victor. *Comentários à CLT*. 13. ed. Rio de Janeiro: Forense, 1990. v. 2.

do art. 457, § 2º, CLT e Súmula n. 101 do TST). A Reforma trabalhista fechou a questão: **diárias em qualquer valor não integram o salário, adquirindo natureza indenizatória.**

Auxílio-alimentação — corresponde a uma quantia paga pelo empregador ao empregado, por liberalidade ou por força de contrato ou negociação coletiva. A Reforma trabalhista proíbe o pagamento em dinheiro.

Pelo direito anterior, essa parcela integrava o salário, salvo se a empresa integrasse o Programa de Alimentação do Trabalhador — PAT, de que tratam a Lei n. 6.321/76, art. 3º, o Decreto n. 5/91, art. 6º e a OJ n. 33 da SDI-I.

A Súmula n. 680 do STF enuncia que *"O direito ao auxílio-alimentação não se estende aos servidores inativos"*. Considerava-se salário-utilidade, conforme art. 458 consolidado; da mesma forma, incorporava-se ao contrato do empregado quando concedido contratualmente sem expressar sua natureza indenizatória. E, neste caso, estendia-se aos inativos, quando estes percebiam complementação de proventos pela Caixa de Pensão do empregador, até porque a Constituição veda toda discriminação.

> Doravante, a partir da vigência da Lei da Reforma, o auxílio-alimentação não integrará o salário, independentemente de a empresa aderir ou não ao PAT.

Não confundir, porém, a alimentação como salário-utilidade, que é salário para todos os fins legais, conforme o § 3º-A do art. 458 da CLT: "a habitação e a alimentação fornecidas como salário-utilidade deverão atender aos fins a que se destinam e não poderão exceder, respectivamente, a 25% (vinte e cinco por cento) e 20% (vinte por cento) do salário-contratual".

19.8. Prêmio — definição

> § 4º Consideram-se prêmios as liberalidades concedidas pelo empregador em forma de bens, serviços ou valor em dinheiro a empregado ou a grupo de empregados, em razão de desempenho superior ao ordinariamente esperado no exercício de suas atividades.

Prêmios — São ganhos vinculados a fatores de ordem pessoal do trabalhador, como a produção, a eficiência etc. — diz A. M. Nascimento. Pode o empregador pretender premiar o excesso de produção, a assiduidade. Se convencionados ou concedidos habitualmente, tornavam-se obrigatórios. Integravam o salário quando habituais.

Pois bem, com as especificações do § 4º do art. 457 da CLT, não integram mais o salário do empregado. A vantagem disso é que o empregador

será estimulado a premiar os seus empregados sem medo das repercussões salariais.

19.9. Utilidades não salariais

> Art. 458. [...]
>
> [...]
>
> § 5º O valor relativo à assistência prestada por serviço médico ou odontológico, próprio ou não, inclusive o reembolso de despesas com medicamentos, óculos, aparelhos ortopédicos, próteses, órteses, despesas médico-hospitalares e outras similares, mesmo quando concedido em diferentes modalidades de planos e coberturas, não integram o salário do empregado para qualquer efeito nem o salário de contribuição, para efeitos do previsto na alínea q do § 9º do art. 28 da Lei n. 8.212, de 24 de julho de 1991.

O § 2º, IV, do art. 458 já dispõe que não compreende no salário: "assistência médica, hospitalar e odontológica, prestada diretamente ou mediante seguro-saúde". Esse § 5º foi acrescentado para aumentar o rol de bens e prestações que o empregador pode oferecer sem os riscos das repercussões trabalhistas e previdenciárias.

O art. 28, § 9º, da Lei n. 8.212/91, trata das parcelas de incidência da contribuição previdenciária. Pois bem, a Lei ora comentada está deixando bem claro que as parcelas que relaciona no § 5º do art. 458 da CLT não têm natureza salarial. Adiante, na penúltima parte deste Livro, voltamos ao tema.

19.10. Igualdade e equiparação salarial

> Art. 461. Sendo idêntica a função, a todo trabalho de igual valor, prestado ao mesmo empregador, no mesmo estabelecimento empresarial, corresponderá igual salário, sem distinção de sexo, etnia, nacionalidade ou idade.
>
> § 1º Trabalho de igual valor, para os fins deste Capítulo, será o que for feito com igual produtividade e com a mesma perfeição técnica, entre pessoas cuja diferença de tempo de serviço para o mesmo empregador não seja superior a quatro anos e a diferença de tempo na função não seja superior a dois anos.
>
> § 2º Os dispositivos deste artigo não prevalecerão quando o empregador tiver pessoal organizado em quadro de carreira ou ado-

> tar, por meio de norma interna da empresa ou de negociação coletiva, planos de cargos e salários, dispensados qualquer forma de homologação ou registro em órgão público.
>
> § 3º No caso do § 2º deste artigo, as promoções poderão ser feitas por merecimento e por antiguidade, ou por apenas um destes critérios, dentro de cada categoria profissional.
>
> [...]
>
> § 5º A equiparação salarial só será possível entre empregados contemporâneos no cargo ou na função, ficando vedada a indicação de paradigmas remotos, ainda que o paradigma contemporâneo tenha obtido a vantagem em ação judicial própria.
>
> § 6º No caso de comprovada discriminação por motivo de sexo ou etnia, o juízo determinará, além do pagamento das diferenças salariais devidas, multa, em favor do empregado discriminado, no valor de 50% (cinquenta por cento) do limite máximo dos benefícios do Regime Geral de Previdência Social.

A alteração efetivada no *caput* do art. 461 foi muito sutil, apenas para cristalizar que o serviço que gera equiparação salarial deve ser prestado ao mesmo empregador, no mesmo estabelecimento empresarial, sem distinção de sexo, etnia, nacionalidade ou idade. Apenas trocou "mesma localidade" por "mesmo estabelecimento" e acrescentou "etnia".

Com isso, não basta que o empregado e o paradigma trabalhem na mesma empresa para gerar direito a igualdade salarial entre eles. Somente gera esse direito entre empregados do mesmo estabelecimento. Reduz, portanto, as chances de equiparação, em virtude do encolhimento do universo de possibilidades. Por exemplo, um supermercado que possui vários estabelecimentos na mesma localidade (digamos, mesma cidade) poderá, doravante, adotar níveis salariais diferenciados para as mesmas funções nos diferentes estabelecimentos, sem o risco de sofrer ação de equiparação salarial.

Estabelecimento, segundo o art. 1.142 do Código Civil, é "todo complexo de bens organizado, para exercício da empresa, por empresário, ou por sociedade empresária".

Isis de Almeida define estabelecimento como "o local técnico da prestação do serviço; a unidade técnica de produção, em atividade ou não". A empresa pode constituir-se de vários estabelecimentos ou funcionar em um só.

O § 1º define trabalho de igual valor, o que for feito com igual produtividade e com a mesma perfeição técnica, entre pessoas cuja diferença de tempo de serviço

para o mesmo empregador não seja superior a quatro anos e a diferença de tempo na função não seja superior a dois anos.

A parte marcada foi o que mudou. O texto anterior ditava que o tempo de serviço não fosse superior a dois anos. A Reforma implanta três alterações: a) aumenta para quatro anos a diferença de tempo no emprego entre o paradigma e o requerente; b) dois anos na mesma função; c) ao mesmo empregador. Isto significa que não gera equiparação entre trabalhadores de empresas que integram o mesmo grupo econômico, visto que cada uma é uma empregadora autônoma.

O inciso II da Súmula n. 6 do TST já definia que a diferença de tempo se conta na função e não no emprego.

Neste particular, a nova regra melhorou para o empregado, pois só não gera direito a equiparação salarial se o paradigma tiver: a) **mais de quatro anos de emprego na empresa ou sucessora e b) mais de dois na função**. São duas condições cumulativas. Assim, se o paradigma tiver, p. exemplo, cinco anos a mais na empresa que o paragonado (pretendente a equiparação), mas não tiver mais de dois anos de diferença de tempo na função, gera direito à equiparação.

> § 2º excepciona do direito a equiparação quando o empregador tiver pessoal organizado em quadro de carreira ou adotar, por meio de norma interna da empresa ou de negociação coletiva, plano de cargos e salários, dispensada qualquer forma de homologação ou registro em órgão público.

A novidade está na parte marcada, que anula o enunciado do inciso I da Súmula n. 6 do TST, que exige que o quadro de carreira seja homologado pelo Ministério do Trabalho.

Tudo bem, é isso mesmo; porém, é de ponderar-se que não escapará do controle judiciário a razoabilidade do plano, que proporcione igualdade e não discriminação, bem como a sua efetiva aplicação. O plano que não é aplicado é como se não existisse.

No § 3º, diz que as promoções previstas no quadro de carreira poderão ser feitas por merecimento e por antiguidade, ou por apenas um desses critérios, dentro de cada categoria profissional.

O direito anterior determinava que as promoções fossem feitas alternadamente, por antiguidade e por merecimento. A nova lei admite que o plano preveja a promoção por apenas um desses critérios. Também não fixa o interstício, de quantos em quantos anos. Logo, trata-se de uma norma muito aberta, na qual comportam inúmeras formas e incontáveis omissões, decorrentes da elevada discricionariedade/arbitrariedade, o que a vocaciona à litigiosidade.

O § 4º foi mantido: "O trabalhador readaptado em nova função por motivo de deficiência física ou mental atestada pelo órgão competente da Previdência Social não servirá de paradigma para fins de equiparação salarial".

E o § 5º só assegura equiparação entre empregados contemporâneos no cargo ou na função, ficando vedada a indicação de paradigmas remotos, ainda que o paradigma contemporâneo tenha obtido a vantagem em ação judicial própria.

Essa regra veio revogar o inciso VI da Súmula n. 6 do TST, que admite o paradigma remoto. Eis a Súmula na íntegra:

> SÚMULA N. 6 EQUIPARAÇÃO SALARIAL. ART. 461 DA CLT (redação do item VI alterada) — Res. n. 198/2015, republicada em razão de erro material — DEJT divulgado em 12, 15 e 16.6.2015.
>
> I — Para os fins previstos no § 2º do art. 461 da CLT, só é válido o quadro de pessoal organizado em carreira quando homologado pelo Ministério do Trabalho, excluindo-se, apenas, dessa exigência o quadro de carreira das entidades de direito público da administração direta, autárquica e fundacional aprovado por ato administrativo da autoridade competente. *(ex-Súmula n. 6 — alterada pela Res. n. 104/2000, DJ 20.12.2000)*
>
> II — Para efeito de equiparação de salários em caso de trabalho igual, conta-se o tempo de serviço na função e não no emprego. *(ex-Súmula n. 135 — RA 102/1982, DJ 11.10.1982 e DJ 15.10.1982)*
>
> III — A equiparação salarial só é possível se o empregado e o paradigma exercerem a mesma função, desempenhando as mesmas tarefas, não importando se os cargos têm, ou não, a mesma denominação. *(ex-OJ da SBDI-1 n. 328 — DJ 9.12.2003)*
>
> IV — É desnecessário que, ao tempo da reclamação sobre equiparação salarial, reclamante e paradigma estejam a serviço do estabelecimento, desde que o pedido se relacione com situação pretérita. *(ex-Súmula n. 22 — RA 57/1970, DO-GB 27.11.1970)*
>
> V — A cessão de empregados não exclui a equiparação salarial, embora exercida a função em órgão governamental estranho à cedente, se esta responde pelos salários do paradigma e do reclamante. *(ex-Súmula n. 111 — RA 102/1980, DJ 25.9.1980)*
>
> VI — Presentes os pressupostos do art. 461 da CLT, é irrelevante a circunstância de que o desnível salarial tenha origem em decisão judicial que beneficiou o paradigma, exceto: a) se decorrente de vantagem pessoal ou de tese jurídica superada pela jurisprudência de Corte Superior; b) na hipótese de equiparação salarial em cadeia, suscitada em defesa, se o empregador produzir prova do alegado fato modificativo, impeditivo ou extintivo do direito à equiparação salarial em relação ao paradigma remoto, considerada irrelevante, para esse efeito, a existência de diferença de tempo de serviço na função superior a dois anos entre

o reclamante e os empregados paradigmas componentes da cadeia equiparatória, à exceção do paradigma imediato.

VII — Desde que atendidos os requisitos do art. 461 da CLT, é possível a equiparação salarial de trabalho intelectual, que pode ser avaliado por sua perfeição técnica, cuja aferição terá critérios objetivos. *(ex-OJ da SBDI-1 n. 298 — DJ 11.8.2003)*

VIII — É do empregador o ônus da prova do fato impeditivo, modificativo ou extintivo da equiparação salarial. *(ex-Súmula n. 68 — RA n. 9/1977, DJ 11.2.1977)*

IX — Na ação de equiparação salarial, a prescrição é parcial e só alcança as diferenças salariais vencidas no período de 5 (cinco) anos que precedeu o ajuizamento. *(ex-Súmula n. 274 — alterada pela Res. n. 121/2003, DJ 21.11.2003)*

X — O conceito de "mesma localidade" de que trata o art. 461 da CLT refere-se, em princípio, ao mesmo município, ou a municípios distintos que, comprovadamente, pertençam à mesma região metropolitana. *(ex-OJ da SBDI-1 n. 252 — inserida em 13.3.2002).*

19.11. Alteração contratual — flexibilização

> Art. 468. [...]
>
> § 1º [...]
>
> § 2º A alteração de que trata o § 1º deste artigo, com ou sem justo motivo, não assegura ao empregado o direito à manutenção do pagamento da gratificação correspondente, que não será incorporada, independentemente do tempo de exercício da respectiva função.

Esse artigo tinha um único parágrafo, o qual foi renomeado para § 1º e acrescentado o § 2º.

O *caput* do artigo veda a alteração contratual lesiva ao empregado, ainda que ele concorde. O § 1º não considera ilegal a reversão do empregado ocupante de cargo em comissão ao cargo efetivo.

A mudança ocorreu para revogar o enunciado da Súmula n. 372 do TST, que determina a incorporação do valor da função exercida por dez anos ou mais, ao fundamento de que o trabalhador já havia adquirido o direito a estabilidade econômica. Se o empregado tivesse exercido no curso dos dez anos funções de valores diferentes, a incorporação se dava pela média.

E o art. 499, § 1º, preceitua que ao empregado estável exercente de cargo em comissão, salvo no caso de falta grave, é assegurada sua reversão ao cargo efetivo anteriormente ocupado.

Portanto, é mais um recuo no direito social. Destarte, a reversão do empregado que exerce uma chefia por tanto tempo ao posto efetivo sem nenhuma compensação equivale a uma despedida, porque, em geral, o valor do salário do cargo efetivo é muito baixo. E o empregado e sua família que, por muito tempo, usufruíram de um *status* econômico se veem reduzidos a nada, com obrigações assumidas segundo o padrão comissionado, escola, residência etc.

Por último, cumpre reiterar que o princípio da irretroatividade da lei protege aqueles que já implementaram as condições de gozo desse direito no dia em que a Lei da Reforma entrou em vigor, ou seja, 120 dias após a sua publicação no Diário Oficial da União. Também por força da cláusula pétrea do direito adquirido (art. 5º, XXXVI, da Constituição: "a lei não prejudicará o direito adquirido, o ato jurídico perfeito e a coisa julgada").

20. Extinção do Contrato de Emprego

Art. 477. Na extinção do contrato de trabalho, o empregador deverá proceder à anotação na Carteira de Trabalho e Previdência Social, comunicar a dispensa aos órgãos competentes e realizar o pagamento das verbas rescisórias no prazo e na forma estabelecidos neste artigo.

§ 1º (Revogado).

[...]

§ 3º (Revogado).

§ 4º O pagamento a que fizer jus o empregado será efetuado:

I – em dinheiro, depósito bancário ou cheque visado, conforme acordem as partes; ou

II – em dinheiro ou depósito bancário quando o empregado for analfabeto.

[...]

§ 6º A entrega ao empregado de documentos que comprovem a comunicação da extinção contratual aos órgãos competentes bem como o pagamento dos valores constantes do instrumento de rescisão ou recibo de quitação deverão ser efetuados até dez dias contados a partir do término do contrato.

a) (revogada);

b) (revogada).

§ 7º (Revogado).

[...]

§ 10. A anotação da extinção do contrato na Carteira de Trabalho e Previdência Social é documento hábil para requerer o benefício

> do seguro-desemprego e a movimentação da conta vinculada no Fundo de Garantia do Tempo de Serviço, nas hipóteses legais, desde que a comunicação prevista no *caput* deste artigo tenha sido realizada.

A alteração no *caput* do art. 477 era necessária, porque a redação antiga era incompatível com o sistema trabalhista desde 5.10.1988, quando a Constituição Federal unificou os sistemas de indenização rescisória trabalhista no FGTS.

O revogado § 1º condicionava o pedido de demissão ou o recibo de quitação de quem tinha mais de doze meses de emprego a homologação pelo sindicato ou outo órgão competente.

Acabou essa proteção. Logicamente, irá tudo esbarrar na Justiça do Trabalho.

O § 2º foi mantido e trata das formalidades da quitação: o instrumento de rescisão ou recibo de quitação, qualquer que seja a causa ou forma de dissolução do contrato, deve ter especificada a natureza de cada parcela paga ao empregado e discriminado o seu valor, sendo válida a quitação, apenas, relativamente às mesmas parcelas.

O § 3º foi revogado. Tratava dos órgãos de homologação da rescisão. Como não há mais homologação, o preceito tornou-se obsoleto.

A alteração efetivada no § 4º foi de pouca expressão. Desdobrou o texto em dois incisos, eliminando a referência à homologação da rescisão e permitindo o pagamento de trabalhador não alfabetizado mediante depósito bancário.

O § 5º foi mantido: "Qualquer compensação no pagamento de que trata o parágrafo anterior não poderá exceder o equivalente a um mês de remuneração do empregado".

O § 6º distinguia entre demissão com aviso-prévio cumprido e aviso dispensado de cumprimento, para efeito de prazo de pagamento. A nova redação trata uniformemente as duas modalidades: o prazo é de dez dias para pagamento dos valores da rescisão contratual e para efetuar a comunicação aos órgãos competentes, contados da rescisão contratual.

O § 7º tratava da gratuidade da homologação da rescisão contratual. Foi revogado, por haver se tornado desnecessário.

O § 8º foi mantido: "A inobservância do disposto no § 6º deste artigo sujeitará o infrator à multa de 160 BTN, por trabalhador, bem assim ao pagamento da multa a favor do empregado, em valor equivalente ao seu salário, devidamente corrigido pelo índice de variação do BTN, salvo quando, comprovadamente, o trabalhador der causa à mora".

A nova redação do § 10 preceitua que o registro da rescisão contratual na Carteira de Trabalho e Previdência Social é documento hábil para o trabalhador requerer o seguro-desemprego.

Isso vem substituir a guia que o empregador emitia para o trabalhador procurar o seguro-desemprego. Quando o empregador não emitia essa guia, a Justiça vinha responsabilizando-o pelo respectivo valor, conforme Súmula n. 389, II, do TST.

Observe-se, porém, que a empresa haverá de ter efetuado a comunicação de rescisão contratual aos órgãos competentes, conforme § 6º. Logo, se a empresa não efetuar a comunicação de rescisão no prazo de dez dias a contar da rescisão, será responsabilizada pelo pagamento dos valores do seguro-desemprego que o empregado foi impedido de usufruir.

20.1. Dispensa coletiva

> Art. 477-A. As dispensas imotivadas individuais, plúrimas ou coletivas equiparam-se para todos os fins, não havendo necessidade de autorização prévia de entidade sindical ou de celebração de convenção coletiva ou acordo coletivo de trabalho para sua efetivação.

Essa regra equipara as dispensas coletivas às dispensas individuais: prescindem de autorização sindical. É um absurdo, porque a Convenção Internacional do Trabalho n. 158 exige formalidades específicas para tais casos.

Destarte, as dispensas coletivas são problemas de Estado, merecendo tratamento especial. O Brasil não tem regulamentação da matéria. E, em vez de fazê-lo, liberou geral.

20.2. PDI — Plano de Desligamento Incentivado

> Art. 477-B. Plano de Demissão Voluntária ou Incentivada, para dispensa individual, plúrima ou coletiva, previsto em convenção coletiva ou acordo coletivo de trabalho, enseja quitação plena e irrevogável dos direitos decorrentes da relação empregatícia, salvo disposição em contrário estipulada entre as partes.

Essa regra imprime à quitação da rescisão mediante PDI ou PDV efeito liberatório total. Ou seja, uma vez tendo aderido a Plano de Desligamento Voluntário — PDV, ou Plano de Incentivo à Demissão, recebidos os direitos e assinado o termo de rescisão/quitação, o trabalhador não poderá ir a juízo questionar nada da extinta relação de trabalho.

A propósito, o STF, em julgamento alinhado à doutrina neoliberal, conferiu, nos autos do Recurso Extraordinário (RE) 590415, com repercussão geral reconhecida, efeito liberatório total do acordo de Pedido de Desligamento Voluntário, demolindo uma tradição legal, cristalizada no art. 477, § 2º, da CLT e na Orientação Jurisprudencial n. 470 do Tribunal Superior do Trabalho. Assim, se o infeliz descobrir que havia uma diferença em seu favor, como se diz no popular, "dançou", pois não pode mais reclamar seus direitos. Ora, quem já se viu dar quitação do abstrato, do desconhecido? O Código Civil (art. 320[(9)]), berço dessa matéria, preceitua que se quita apenas o que efetivamente se recebe.

Claro que isso funcionará como regra. Todavia, em caráter excepcional é possível rediscutir em juízo a extinta relação. Pode-se questionar o instrumento coletivo que o autorizou, alegar vício de consentimento, não observância da forma legal ou mesmo reclamar algum direito que não figurou no termo de rescisão. Até porque o art. 5º, XXXV, da Constituição, abriga o princípio da inafastabilidade da jurisdição, segundo o qual nenhum ato ficará isento de apreciação do Judiciário.

Claro que isso funcionará como regra. Todavia, em caráter excepcional é possível rediscutir em juízo a extinta relação. Pode-se alegar vício de consentimento, não observância da forma legal ou mesmo reclamar algum direito que não figurou no termo de rescisão. Até porque o art. 5º, XXXV, da Constituição abriga o princípio da inafastabilidade da jurisdição, segundo o qual nenhum ato ficará isento de apreciação do Judiciário.

20.3. Justa causa por perda da habilitação

> Art. 482.
>
> [...]
>
> [...]
>
> m) perda da habilitação ou dos requisitos estabelecidos em lei para o exercício da profissão, em decorrência de conduta dolosa do empregado.
>
> [...]

A Lei da Reforma acrescentou ao elenco de condutas que configuram justa causa a letra *m*, para considerar justa causa de despedida do empregado a perda da habilitação ou dos requisitos estabelecidos em lei para o exercício da profissão, em decorrência de conduta culposa. Essa regra é lógica, pois se o motorista perde a sua habilitação, o médico, o engenheiro etc. têm seu registro cassado por culpa sua perde a condição de exercício da profissão. Então o empregador não está obri-

---

(9) Art. 330. A quitação, que sempre poderá ser dada por instrumento particular, designará o valor e a espécie da dívida quitada, o nome do devedor, ou quem por este pagou, o tempo e o lugar do pagamento, com a assinatura do credor, ou do seu representante.

gado a manter o vínculo empregatício com a pessoa que decaiu das condições de exercício da função para a qual foi contratada.

20.4. Rescisão contratual por acordo

> Art. 484-A. O contrato de trabalho poderá ser extinto por acordo entre empregado e empregador, caso em que serão devidas as seguintes verbas trabalhistas:
>
> I — por metade:
>
> a) o aviso-prévio, se indenizado; e
>
> b) a indenização sobre o saldo do Fundo de Garantia do Tempo de Serviço, prevista no § 1º do art. 18 da Lei n. 8.036, de 11 de maio de 1990;
>
> II — na integralidade, as demais verbas trabalhistas.
>
> § 1º A extinção do contrato prevista no *caput* deste artigo permite a movimentação da conta vinculada do trabalhador no Fundo de Garantia do Tempo de Serviço na forma do inciso I-A do art. 20 da Lei n. 8.036, de 11 de maio de 1990, limitada até 80% (oitenta por cento) do valor dos depósitos.
>
> § 2º A extinção do contrato por acordo prevista no *caput* deste artigo não autoriza o ingresso no Programa de Seguro-Desemprego.

Essa alteração veio preencher uma lacuna na legislação trabalhista, pois o sistema legal não contemplava essa opção. Havia os dois extremos: o pedido de demissão e a despedida. A primeira muito onerosa para o empregado, que sai de mãos abanando, e a segunda muito onerosa para o empregador. Além do que, o acordo é simpático, transmitindo a ideia de amizade, deixando as portas abertas.

Destarte, muitas relações trabalhistas são mantidas a contragosto, tão somente pela falta de opção rescisória. Com essa nova regra, empregado e empregador encontram esse ponto de equilíbrio para rescisão contratual.

21. Arbitragem em Contrato Individual

> Art. 507-A. Nos contratos individuais de trabalho cuja remuneração seja superior a duas vezes o limite máximo estabelecido para os benefícios do Regime Geral de Previdência Social, poderá ser pactuada cláusula compromissória de arbitragem, desde que por iniciativa do empregado ou mediante a sua concordância expressa, nos termos previstos na Lei n. 9.307, de 23 de setembro de 1996.

A arbitragem é regida pela Lei n. 9.307/1996, a qual pressupõe relação de igualdade entre as partes, o que a faz incompatível com as causas trabalhistas, em que predomina a desigualdade. No entanto, o legislador reformista abre a possibilidade de ser utilizado esse recurso quando o empregado ganhar salário superior a duas vezes o limite máximo dos benefícios previdenciários (a partir de janeiro/2017, o valor do maior benefício previdenciário é R$ **5.531,31**).

A lei pressupõe que esse empregado, pelo porte salarial, de mais de R$ 11.000,00, não precisa da tutela do Estado e do sindicato. Porém, veja que é exigido que a iniciativa de opção pela arbitragem seja do empregado ou com a sua expressa concordância. Logo, qualquer vício de consentimento (art. 138 do Código Civil), como erro, ignorância, coação, dolo, fraude, atentado etc. invalidará a opção.

Essa regra se harmoniza com a do parágrafo único acrescentado ao art. 444:

> Parágrafo único. A livre estipulação a que se refere o *caput* deste artigo aplica-se às hipóteses previstas no art. 611-A desta Consolidação, com a mesma eficácia legal e preponderância sobre os instrumentos coletivos, no caso de empregado portador de diploma de nível superior e que perceba salário mensal igual ou superior a duas vezes o limite máximo dos benefícios do Regime Geral de Previdência Social.

22. Quitação Anual dos Direitos Trabalhistas

> Art. 507-B. É facultado a empregados e empregadores, na vigência ou não do contrato de emprego, firmar o termo de quitação anual de obrigações trabalhistas, perante o sindicato dos empregados da categoria.
>
> Parágrafo único. O termo discriminará as obrigações de dar e fazer cumpridas mensalmente e dele constará a quitação anual dada pelo empregado, com eficácia liberatória das parcelas nele especificadas.

Não há nada de novo entre um sol e outro. Essa regra constava do art. 233 da Constituição Federal, em relação aos trabalhadores rurais. Revogado pela Emenda Constitucional n. 28/2000.

O sindicato perdeu a atribuição de homologar rescisões contratuais, mas está ganhando esta. Segundo a lei, essa opção é uma faculdade do empregador e do empregado, cabendo ao sindicato apenas examinar as contas e apor sua chancela. Contudo, de fato, ninguém ignora que prevalecerá a vontade patronal, que é quem comanda. Porém, se o sindicato se opuser a prestar tal serviço ou a dar a quitação? Logicamente, a empresa poderá judicializar, para que a Justiça do Trabalho supra a vontade sindical.

A responsabilidade do sindicato é muito grande, porque, uma vez firmado o termo de quitação perante o sindicato, ele terá efeito liberatório, não podendo mais ser reivindicado qualquer direito alusivo ao período quitado.

Mais duas considerações: a) como ninguém pode impor ônus a outrem, o sindicato pode cobrar por esse serviço; b) o termo de quitação pode ser questionado em juízo por vício de consentimento, quiçá, presumido, e por dúvidas da representação sindical, conluio etc.

23. Comissão de Representantes dos Empregados na Empresa

23.1. Composição da comissão

> Art. 510-A. Nas empresas com mais de duzentos empregados, é assegurada a eleição de uma comissão para representá-los, com a finalidade de promover-lhes o entendimento direto com os empregadores.
>
> § 1º A comissão será composta:
>
> I — nas empresas com mais de duzentos e até três mil empregados, por três membros;
>
> II — nas empresas com mais de três mil e até cinco mil empregados, por cinco membros;
>
> III — nas empresas com mais de cinco mil empregados, por sete membros.
>
> § 2º No caso de a empresa possuir empregados em vários Estados da Federação e no Distrito Federal, será assegurada a eleição de uma comissão de representantes dos empregados por Estado ou no Distrito Federal, na mesma forma estabelecida no § 1º deste artigo.

A Reforma Trabalhista institui a Comissão de Trabalhadores nas empresas com mais de duzentos empregados, composta de, no mínimo, três (de 200 a 3.000 empregados) e no máximo sete membros (quando a empresa tiver mais de 5.000 empregados). Uma pergunta: quando a empresa contrata muita mão de obra terceirizada, esses trabalhadores entram nessa conta? Entendo que sim.

O art. 11 da Constituição Federal prevê um representante:

Nas empresas de mais de duzentos empregados, é assegurada a eleição de **um representante** destes com a finalidade exclusiva de promover-lhes o entendimento direto com os empregadores.

Portanto, o que a Lei da Reforma cria é outro instituto, compatível com o disposto na Convenção Internacional do Trabalho n. 138.

Proteção de Representantes de Trabalhadores
CONVENÇÃO N. 135

I — Aprovada na 56ª reunião da Conferência Internacional do Trabalho (Genebra — 1971), entrou em vigor no plano internacional em 30.6.1973.

II — Dados referentes ao Brasil:

a) aprovação = Decreto Legislativo n. 86, de 14.12.1989, do Congresso Nacional;

b) ratificação = 18 de maio de 1990;

c) promulgação = Decreto n. 131, de 22.5.1991;

d) vigência nacional = 18 de maio de 1991.

Art. 1º Os representantes dos trabalhadores na empresa devem ser beneficiados com uma proteção eficiente contra quaisquer medidas que poderiam vir a prejudicá-los, inclusive o licenciamento, e que seriam motivadas por sua qualidade ou suas atividades como representantes dos trabalhadores, sua filiação sindical, ou participação em atividades sindicais, conquanto ajam de acordo com as leis, convenções coletivas ou outros arranjos convencionais vigorando.

Art. 2º 1. Facilidades devem ser concedidas, na empresa, aos representantes dos trabalhadores, de modo a possibilitar-lhes o cumprimento rápido e eficiente de suas funções.

Art. 2º 2. Em relação a esse ponto, devem ser levadas em consideração as características do sistema de relações profissionais que prevalecem no país bem como das necessidades, importância e possibilidades da empresa interessada.

Art. 2º 3. A concessão dessas facilidades não deve entravar o funcionamento eficiente da empresa interessada.

Art. 3º Para os fins da presente Convenção, os termos 'representantes dos trabalhadores' designam pessoas reconhecidas como tais pela legislação ou a prática nacionais, quer sejam:

a) representantes sindicais, a saber, representantes nomeados ou eleitos por sindicatos ou pelos membros de sindicatos;

b) ou representantes eleitos, a saber, representantes livremente eleitos pelos trabalhadores da empresa, conforme as disposições da legislação nacional ou de convenções coletivas, e cujas funções não se estendam a atividades que sejam reconhecidas, nos países interessados, como dependendo das prerrogativas exclusivas dos sindicatos.

Art. 4º A legislação nacional, as convenções coletivas, as sentenças arbitrais ou as decisões judiciárias poderão determinar o tipo ou os tipos de representantes dos trabalhadores que devam ter direito à proteção ou às facilidades visadas pela presente Convenção.

Art. 5º Quando uma empresa contar ao mesmo tempo com representantes sindicais e representantes eleitos, medidas adequadas deverão ser tomadas, cada vez que for necessário, para garantir que a presença de representantes eleitos não venha a ser utilizada para o enfraquecimento da situação dos sindicatos interessados ou de seus representantes e para incentivar a cooperação, relativa a todas as questões pertinentes, entre os representantes eleitos, por uma Parte, e os sindicatos interessados e seus representantes, por outra Parte.

Art. 6º A aplicação das disposições da Convenção poderá ser assegurada mediante a legislação nacional, convenções coletivas e todo outro modo que seria conforme a prática nacional.

Quando a empresa tiver número suficiente (mais de duzentos empregados) por Estado ou no Distrito Federal, será constituída comissão nessas unidades federativas. Exemplificando, o Banco do Brasil, a Caixa Econômica Federal, os Correios e muitas empresas genuinamente privadas possuem quantitativo de empregados para constituir comissão em todos os Estados e no Distrito Federal.

Trata-se de um direito dos trabalhadores. A norma é imperativa.

Logicamente, a empresa deve proporcionar condições materiais para a Comissão exercer suas atribuições, conforme consta do art. 2º da Convenção Internacional n. 138:

Art. 2º 1. Facilidades devem ser concedidas, na empresa, aos representantes dos trabalhadores, de modo a possibilitar-lhes o cumprimento rápido e eficiente de suas funções.

Art. 2º 2. Em relação a esse ponto, devem ser levadas em consideração as características do sistema de relações profissionais que prevalecem no país bem como das necessidades, importância e possibilidades da empresa interessada.

Art. 2º 3. A concessão dessas facilidades não deve entravar o funcionamento eficiente da empresa interessada.

23.2. Atribuições da comissão

> Art. 510-B. A comissão de representantes dos empregados terá as seguintes atribuições:
>
> I — representar os empregados perante a administração da empresa;
>
> II — aprimorar o relacionamento entre a empresa e seus empregados com base nos princípios da boa-fé e do respeito mútuo;
>
> III — promover o diálogo e o entendimento no ambiente de trabalho com o fim de prevenir conflitos;
>
> IV — buscar soluções para os conflitos decorrentes da relação de trabalho, de forma rápida e eficaz, visando à efetiva aplicação das normas legais e contratuais;
>
> V — assegurar tratamento justo e imparcial aos empregados, impedindo qualquer forma de discriminação por motivo de sexo, idade, religião, opinião política ou atuação sindical;
>
> VI — encaminhar reivindicações específicas dos empregados de seu âmbito de representação;
>
> VII — acompanhar o cumprimento das leis trabalhistas, previdenciárias e das convenções coletivas e acordos coletivos de trabalho.
>
> § 1º As decisões da comissão de representantes dos empregados serão sempre colegiadas, observada a maioria simples.
>
> § 2º A comissão organizará sua atuação de forma independente.

Logo de início, alerta-se que a Comissão não tem poder de assinar negociação coletiva do trabalho. Nem acordo coletivo nem convenção coletiva. Não pode substituir o sindicato. Em tudo que a Constituição Federal exigir negociação coletiva, não poderá haver negociação individual, nem com a comissão de representantes.

Consta do art. 4º da Convenção Internacional n. 138 que as suas funções "não se estendam a atividades que sejam reconhecidas, nos países interessados, como dependendo das prerrogativas exclusivas dos sindicatos". E o art. 5º dessa Convenção dispõe:

> Art. 5º Quando uma empresa contar ao mesmo tempo com representantes sindicais e representantes eleitos, medidas adequadas deverão ser tomadas, cada vez que for necessário, para garantir que a presença de representantes eleitos não venha a ser utilizada para o enfraquecimento da situação dos sindicatos interessados ou de seus representan-

tes e para incentivar a cooperação, relativa a todas as questões pertinentes, entre os representantes eleitos, por uma Parte, e os sindicatos interessados e seus representantes, por outra Parte.

Portanto, a função da Comissão é de colaboração, mediação de conflitos internos, prevenção e comunicação.

Com efeito, é sabido que em uma organização grande a comunicação é precária, fazendo com que o comando do empregador chegue distorcido às bases e há muitos casos de trabalhador maltratado, mal pago, discriminado sem o conhecimento superior da empresa.

Essa comissão poderá ser um eficiente instrumento para prevenir a empresa de demandas judiciais em virtude de ações inadequadas de prepostos.

23.3. Eleição dos membros da comissão de trabalhadores

> Art. 510-C. A eleição será convocada, com antecedência mínima de trinta dias, contados do término do mandato anterior, por meio de edital que deverá ser fixado na empresa, com ampla publicidade, para inscrição de candidatura.
>
> § 1º Será formada comissão eleitoral, integrada por cinco empregados, não candidatos, para a organização e o acompanhamento do processo eleitoral, vedada a interferência da empresa e do sindicato da categoria.
>
> § 2º Os empregados da empresa poderão candidatar-se, exceto aqueles com contrato de trabalho por prazo determinado, com contrato suspenso ou que estejam em período de aviso-prévio, ainda que indenizado.
>
> § 3º Serão eleitos membros da comissão de representantes dos empregados os candidatos mais votados, em votação secreta, vedado o voto por representação.
>
> § 4º A comissão tomará posse no primeiro dia útil seguinte à eleição ou ao término do mandato anterior.
>
> § 5º Se não houver candidatos suficientes, a comissão de representantes dos empregados poderá ser formada com número de membros inferior ao previsto no art. 510-A desta Consolidação.
>
> § 6º Se não houver registro de candidatura, será lavrada ata e convocada nova eleição no prazo de um ano.

> Art. 510-D. O mandato dos membros da comissão de representantes dos empregados será de um ano.
>
> § 1º O membro que houver exercido a função de representante dos empregados na comissão não poderá ser candidato nos dois períodos subsequentes.
>
> § 2º O mandato de membro de comissão de representantes dos empregados não implica suspensão ou interrupção do contrato de trabalho, devendo o empregado permanecer no exercício de suas funções.
>
> § 3º Desde o registro da candidatura até um ano após o fim do mandato, o membro da comissão de representantes dos empregados não poderá sofrer despedida arbitrária, entendendo-se como tal a que não se fundar em motivo disciplinar, técnico, econômico ou financeiro.
>
> § 4º Os documentos referentes ao processo eleitoral devem ser emitidos em duas vias, as quais permanecerão sob a guarda dos empregados e da empresa pelo prazo de cinco anos, à disposição para consulta de qualquer trabalhador interessado, do Ministério Público do Trabalho e do Ministério do Trabalho.

A Lei da Reforma traz a regra da proteção do emprego do representante desde o registro da candidatura até um ano depois do término do mandato. Essa garantia é igual à assegurada ao dirigente da CIPA, conforme art. 165 da CLT. Ou seja, não precisa que ele cometa falta grave para ser despedido. Ele só está protegido contra despedida arbitrária, ou sem justa causa, considerando-se arbitrária a despedida que não se fundar em motivo técnico, econômico, financeiro ou disciplinar. Portanto, não há necessidade de prévio inquérito judicial para apuração de falta grave.

Sim. Tendo o representante desempenhado um trabalho que haja incomodado a empresa, sua despedida, até prova em contrário, cujo ônus é do empregador, presume-se discriminatória ou em perseguição, com as reparações morais e materiais cabíveis.

24. Contribuição Sindical Facultativa

Art. 578. As contribuições devidas aos sindicatos pelos participantes das categorias econômicas ou profissionais ou das profissões liberais representadas pelas referidas entidades serão, sob a denominação de contribuição sindical, pagas, recolhidas e aplicadas na forma estabelecida neste Capítulo, desde que prévia e expressamente autorizadas.

Art. 579. O desconto da contribuição sindical está condicionado à autorização prévia e expressa dos que participarem de uma determinada categoria econômica ou profissional, ou de uma profissão liberal, em favor do sindicato representativo da mesma categoria ou profissão ou, inexistindo este, na conformidade do disposto no art. 591 desta Consolidação.

Art. 582. Os empregadores são obrigados a descontar da folha de pagamento de seus empregados relativa ao mês de março de cada ano a contribuição sindical dos empregados que autorizaram prévia e expressamente o seu recolhimento aos respectivos sindicatos.

[...]

Art. 583. O recolhimento da contribuição sindical referente aos empregados e trabalhadores avulsos será efetuado no mês de abril de cada ano, e o relativo aos agentes ou trabalhadores autônomos e profissionais liberais realizar-se-á no mês de fevereiro, observada a exigência de autorização prévia e expressa prevista no art. 579 desta Consolidação.

[...]

Art. 587. Os empregadores que optarem pelo recolhimento da contribuição sindical deverão fazê-lo no mês de janeiro de cada ano, ou, para os que venham a se estabelecer após o referido

> mês, na ocasião em que requererem às repartições o registro ou a licença para o exercício da respectiva atividade.
>
> Art. 602. Os empregados que não estiverem trabalhando no mês destinado ao desconto da contribuição sindical e que venham a autorizar prévia e expressamente o recolhimento serão descontados no primeiro mês subsequente ao do reinício do trabalho.

A contribuição sindical foi instituída na era Getúlio Vargas, para garantir a vitalidade aos sindicatos, ante a falta de cultura associativa do brasileiro de então. E sobreviveu a todas as Constituições. Está prevista no inciso IV da Constituição de 1988.

Em virtude de sua previsão constitucional, entendemos que não pode ser removida por lei. Nem tornada facultativa, pois é um tributo, e não há tributo facultativo. Assim, a lei incorre em flagrante inconstitucionalidade.

A **contribuição sindical** tem **natureza** jurídica tributária, de acordo com a previsão da Constituição (art. 8º, IV, c/c art. 149) e do CTN:

STF — AG.REG.NO RECURSO EXTRAORDINÁRIO RE 496456 RS (STF)

Data de publicação: 20.8.2009

Ementa: AGRAVO REGIMENTAL NO RECURSO EXTRAORDINÁRIO. TRIBUTÁRIO. CONTRIBUIÇÃO SINDICAL: NATUREZA JURÍDICA DE TRIBUTO. COMPULSORIEDADE. PRECEDENTES. AGRAVO REGIMENTAL AO QUAL SE NEGA PROVIMENTO.

TRT-2 — RECURSO ORDINÁRIO RO 20452820105020 SP 20130015275 (TRT-2)

Data de publicação: 24.5.2013

Ementa: CONTRIBUIÇÃO SINDICAL. NATUREZA JURÍDICA DE TRIBUTO. PRAZO DECADENCIAL. A contribuição sindical tem natureza jurídica de tributo, consoante previsão expressa no art. 217, I, do CTN, logo, obedece ao regime jurídico relativo à matéria, sendo o instituto da decadência disciplinado pelo CTN. A referida contribuição é sujeita ao lançamento por homologação, ou autolançamento, que é aquele efetivado quanto aos tributos cuja legislação prevê que cabe ao sujeito passivo o dever de antecipar o pagamento sem prévio exame da autoridade administrativa no que concerne a sua determinação (CTN, art. 150).

STF — AG.REG.NO RECURSO EXTRAORDINÁRIO RE 496456 RS (STF)

Data de publicação: 20.8.2009

Ementa: AGRAVO REGIMENTAL NO RECURSO EXTRAORDINÁRIO. TRIBUTÁRIO. **CONTRIBUIÇÃO SINDICAL: NATUREZA JURÍDICA** DE **TRIBUTO.** COMPULSORIEDADE. PRECEDENTES. AGRAVO REGIMENTAL AO QUAL SE NEGA PROVIMENTO.

TRT-2 — RECURSO ORDINÁRIO RO 20452820105020 SP 20130015275 (TRT-2)

Data de publicação: 24.5.2013

Ementa: CONTRIBUIÇÃO SINDICAL. NATUREZA JURÍDICA DE **TRIBUTO.** PRAZO DECADENCIAL. A **contribuição sindical** tem **natureza jurídica** de **tributo**, consoante previsão expressa no art. 217, I, do CTN, logo, obedece o regime **jurídico** relativo à matéria, sendo o instituto da decadência disciplinado pelo CTN. A referida **contribuição** é sujeita ao lançamento por homologação, ou autolançamento, que é aquele efetivado quanto aos **tributos** cuja legislação prevê que cabe ao sujeito passivo o dever de antecipar o pagamento sem prévio exame da autoridade administrativa no que concerne a sua determinação (CTN, art. 150).[10]

A contribuição sindical é arrecadada uma vez por ano de todos os trabalhadores empregados, avulsos e autônomos, e dos empregadores, doravante, que concordarem.

Dos empregados e dos avulsos que concordarem expressamente é descontado o valor de um dia de salário por ano, no mês de março ou no mês da admissão, recolhido em abril; os autônomos e liberais recolherão no mês de fevereiro o equivalente a 30% do salário mínimo por ano; o dos empregadores que concordarem em recolher, é calculado com base no capital social da firma ou empresa no mês de janeiro. O valor dessas contribuições é significativo. Para as empresas, o menor valor em 2012 foi de R$ 75,66 e o maior de R$ 36.733,76; para empresas na classe de capital a partir de R$ 104.088.954,01. O trabalhador que tem mais de um emprego contribui em relação a cada um, desde que manifeste essa vontade.

A LC n. 123/06 e a Portaria n. 10/11 do Ministério do Trabalho e Emprego eximem do recolhimento entidades sem fins lucrativos, micro e pequenas empresas optantes pelo Simples Nacional, as empresas que não possuem empregados e órgãos públicos.

O produto da arrecadação desse tributo é carreado ao Ministério do Trabalho, que o distribuirá da seguinte forma: I — a contribuição sindical arrecadada do setor patronal: a) 5% para a confederação correspondente; b) 15% para a federa-

---

(10) Disponível em: <https://www.jusbrasil.com.br/jurisprudencia/busca?q=CONTRIBUI%C3%87%-C3%83O+SINDICAL+NATUREZA+JUR%C3%8DDICA+DE+TRIBUTO>.

ção; c) 60% para o sindicato respectivo; e d) 20% para a Conta Especial Salário e Emprego; II — arrecadada do setor profissional: a) 60% para os sindicatos; b) 15% para as federações; c) 5% para as confederações; d) 10% para as centrais sindicais; e e) 10% para a conta salário e emprego.

Não havendo confederação da categoria, o percentual cabível a esta vai para a federação representativa; não sendo indicada central sindical a que o sindicato se filia, a contribuição a esta cabível vai para a Conta Especial Salário e Emprego; na falta de sindicato das categorias de trabalhadores e de patrões, o percentual de 60% vai para a federação respectiva, e, na falta desta, para a confederação; não havendo sindicato nem entidade sindical de grau superior ou central sindical, a contribuição será creditada integralmente à Conta Especial Salário e Emprego.

Em ADPF não admitida, de relatoria do Ministro Celso de Melo, fazem-se as seguintes conjecturas:

> **Sustenta-se**, na presente sede de controle normativo abstrato, **que a cobrança compulsória** prevista em referidas normas legais está *"em colisão com os preceitos fundamentais insculpidos no inciso XX do art. 5º e no inciso V do art. 8º, todos da Constituição Federal"* (fl. 3 — grifei).
>
> **Eis**, *no ponto,* **os aspectos essenciais** ressaltados **na presente** *arguição de descumprimento de preceito fundamental* (fls. 5/9):
>
>> *"Os arts. 579, 582, 583 e 587 da Consolidação das Leis do Trabalho instituem a obrigatoriedade de cobrança da vetusta contribuição sindical, mais conhecida como imposto sindical.*
>>
>> *Mais do que a constatação do caráter anacrônico do instituto ora guerreado, é curial examinar sua adequação aos preceitos fundamentais da nova ordem constitucional, inaugurada em 5 de outubro de 1988.*
>>
>> *O inciso XX do art. 5º da Constituição determina o seguinte:*
>>
>>> *'ninguém poderá ser compelido a associar-se ou a permanecer associado'*
>>
>> *Já o inciso V do art. 8º do Estatuto Político, por sua vez, estabelece:*
>>
>>> *'ninguém será obrigado a filiar-se ou a manter-se filiado a sindicato'.*
>>
>> *Nesta perspectiva, urge indagar-se: se não há obrigatoriedade de filiação a sindicato, faz algum sentido a obrigatoriedade de pagamento de uma contribuição para a manutenção do sistema sindical? Não seria esta obrigatoriedade uma clara violação à liberdade de associação?*
>>
>> *Notem que a inconstitucionalidade ora vergastada não reside propriamente na previsão legal da contribuição sindical, mas sim na sua natureza compulsória.*

O fato de a contribuição sindical ser obrigatória é **que a torna contrária** *aos preceitos constitucionais apontados como violados.* **Exsurge aí um descompasso insolúvel entre** *a norma prevista na CLT* **e** *a Lei Maior,* **que deve ser resolvido** *em controle concentrado de constitucionalidade.* **Trata-se** *aqui de uma questão* **que vai muito além** *da simples oposição ou inconformismo à cobrança compulsória de uma contribuição injusta.* **Cuida-se**, *na realidade, do acatamento à supremacia constitucional.*

Poder-se-ia alegar *que a própria Constituição* **prevê** *a existência da contribuição sindical,* **no inciso IV** *do art. 8º* **e na cabeça** *do art. 149.* **Mas tais dispositivos** *não fazem* **qualquer** *referência à* **obrigatoriedade** *da contribuição. É* **a Consolidação das Leis do Trabalho** *que torna impositivo o pagamento da contribuição sindical. E é* **esta imposição** *que viola o princípio da liberdade de associação."*

Pois bem, nessas conjecturas, não consta a referência ao inciso III do art. 8º, segundo o qual cabe ao sindicato defender toda a categoria. Ora, se o sindicato representa e defende toda a categoria, é justo que toda ela contribua. É esse detalhe que diferencia o sindicato da associação. E é por isso que se exige uma formalidade a mais — o registro sindical. Ademais, para cada trabalhador é um valor que não maltrata, um dia de salário a cada 365 dias. Se o sindicato só receber contribuição dos associados não poderá representar a categoria. Então ficará igual a uma associação qualquer.

Portanto, a lei padece de flagrante inconstitucionalidade, ao manter um tributo cobrado apenas dos que concordarem (que absurdo!) em recolhê-lo.

25. O Negociado sobre o Legislado

Art. 611-A. A convenção coletiva e o acordo coletivo de trabalho têm prevalência sobre a lei quando, entre outros, dispuserem sobre:

I — pacto quanto à jornada de trabalho, observados os limites constitucionais;

II — banco de horas anual;

III — intervalo intrajornada, respeitado o limite mínimo de trinta minutos para jornadas superiores a seis horas;

IV — adesão ao Programa Seguro-Emprego (PSE), de que trata a Lei n. 13.189, de 19 de novembro de 2015;

V — plano de cargos, salários e funções compatíveis com a condição pessoal do empregado, bem como identificação dos cargos que se enquadram como funções de confiança;

VI — regulamento empresarial;

VII — representante dos trabalhadores no local de trabalho;

VIII — teletrabalho, regime de sobreaviso, e trabalho intermitente;

IX — remuneração por produtividade, incluídas as gorjetas percebidas pelo empregado, e remuneração por desempenho individual;

X — modalidade de registro de jornada de trabalho;

XI — troca do dia de feriado;

XII — enquadramento do grau de insalubridade;

XIII — prorrogação de jornada em ambientes insalubres, sem licença prévia das autoridades competentes do Ministério do Trabalho;

> XIV — prêmios de incentivo em bens ou serviços, eventualmente concedidos em programas de incentivo;
>
> XV — participação nos lucros ou resultados da empresa.

O negociado prevalecer sobre o legislado requer a atuação incondicional do sindicato profissional, por força do art. 8º, VI, da Constituição. Por outro lado, em face dos princípios protetores e da progressão social, as negociações coletivas são instrumentos de progresso e não de retrocesso social. Assim, a eventual redução de direito assegurado por lei só será lícita mediante contrapartida equivalente ou mais vantajosa para os trabalhadores.

Por sua vez, a lista de direitos elencados no art. 611-A, que podem ser negociados apesar da lei é *numerus clausus*, ou seja, fechada, não comportando ampliação.

Por fim, consta do parágrafo único do art. 444 que o empregado portador de diploma de nível superior e que perceba salário mensal igual ou superior a duas vezes o limite máximo dos benefícios do Regime Geral de Previdência Social pode fazer negociação individual com a mesma eficácia da negociação coletiva em todas as matérias de que trata o art. 611-A. Todavia, isso tem limites. Ver comentários ao citado artigo.

I — **Jornada de 12 x 36 horas** — O regime de trabalho de 12 horas por 36 de descanso vinha sendo admitido pela Súmula n. 444 do TST, desde que previsto em lei ou estipulado por instrumento coletivo do trabalho.

Com a reforma trabalhista, a jornada 12 x 36 passa a fazer parte da legislação. O texto também prevê que a remuneração mensal incluirá descanso semanal remunerado e descanso em feriados.

Esse tipo de jornada de trabalho é seguido por várias categorias, sendo observado o limite semanal de cada profissão em legislação específica.

II — **Banco de horas** — A lei anterior previa a compensação da hora extra em outro dia de trabalho, desde que não excedesse, no período máximo de um ano, à soma das jornadas semanais de trabalho previstas, e que estas não ultrapassassem o limite máximo de dez horas diárias. A regra era estabelecida por acordo ou convenção coletiva de trabalho.

O texto da nova Lei prevê, além do tradicional estipulado por negociação coletiva, que o banco de horas poderá ser pactuado por acordo individual escrito, desde que a compensação ocorra no período máximo de seis meses. Além disso, poderá ser ajustada, por acordo individual ou coletivo, qualquer forma de compensação de jornada, desde que não passe de dez horas diárias e que a compensação aconteça no mesmo mês.

III — **Intervalo intrajornada** — respeitado o limite mínimo de 30 min para jornadas superiores a 6 horas. É o intervalo para refeição.

O intervalo previsto no art. 71 da CLT é o seguinte:

> Art. 71. Em qualquer trabalho contínuo, cuja duração exceda de 6 (seis) horas, é obrigatória a concessão de um intervalo para repouso ou alimentação, o qual será, no mínimo, de 1 (uma) hora e, salvo acordo escrito ou contrato coletivo em contrário, não poderá exceder de 2 (duas) horas.
>
> § 1º Não excedendo de 6 (seis) horas o trabalho, será, entretanto, obrigatório um intervalo de 15 (quinze) minutos quando a duração ultrapassar 4 (quatro) horas.
>
> § 2º Os intervalos de descanso não serão computados na duração do trabalho.
>
> § 3º O limite mínimo de uma hora para repouso ou refeição poderá ser reduzido por ato do Ministro do Trabalho, Indústria e Comércio, quando ouvido o Serviço de Alimentação de Previdência Social, se verificar que o estabelecimento atende integralmente às exigências concernentes à organização dos refeitórios, e quando os respectivos empregados não estiverem sob regime de trabalho prorrogado a horas suplementares.

A Lei da reforma permite que o intervalo mínimo de uma hora seja reduzido por negociação coletiva para até meia hora, sem as condicionantes do § 3º do art. 71. Pelo jeito que as coisas vão, precisaremos importar a máquina do Charlie Chaplin de alimentar trabalhador.

IV — **Adesão ao Programa Seguro-Emprego (PSE)** — de que trata a Lei n. 13.189, de 19 de novembro de 2015, de proteção ao emprego. É o **Acordo japonês ou de redução de jornada,** obtido por negociação coletiva objetivando a redução da jornada e a correspondente redução no salário, destinados a preservar os empregos contra despedida coletiva motivada pela dificuldade econômica da empresa, de que trata o art. 2º da Lei n. 4.923/65, em virtude de retração do mercado.

Por esse acordo todos os empregados abrem mão de parcela salarial em benefício de todos. Se, de 1.000 operários, a empresa necessita despedir 200, é mais humano que se reduzam a jornada e os salários para manter no emprego todos os operários. A Lei n. 13.189/2015 institui o PPE — Programa de Proteção ao Emprego, para franquear e estimular essa negociação, permitindo a redução de jornada e salário em até 30%. Mas os trabalhadores terão uma compensação paga pelo FAT de 50% da perda, limitada a 65% do valor máximo da parcela do seguro-desemprego. Contudo, essa situação deve ser temporária e o salário não ficará inferior ao mínimo legal.

V — **Plano de cargos, salários e funções e regulamento empresarial** — Logicamente, a empresa, tendo o direito potestativo de mexer no seu PCS e no Regulamento, só os submeterá a negociação quando vislumbrar a possibilidade de vantagem e, com isso, tangenciar a regra cristalizada na Súmula n. 51 do TST, segundo a qual:

> I — As cláusulas regulamentares, que revoguem ou alterem vantagens deferidas anteriormente, só atingirão os trabalhadores admitidos depois da revogação ou alteração do regulamento.
>
> II — Havendo a coexistência de dois regulamentos da empresa, a opção do empregado por um deles tem efeito jurídico de renúncia às regras do sistema do outro.

Portanto, essa nova regra significa possibilidade de alterações do Plano de Cargos, Salários e Funções, bem como do Regulamento da empresa em prejuízo dos empregados.

Todavia, atentai bem, por força do direito adquirido e do princípio da irretroatividade da lei, salvo a lei penal se for mais benéfica ao réu, essa alteração não apanha os contratos já em vigor, salvo se na negociação que versar sobre esse tema for dada outra compensação.

VI — **Representante dos trabalhadores no local de trabalho** — Ver comentário ao art. 513-A.

VII — **Teletrabalho**, **regime de sobreaviso**, e **trabalho intermitente**.

O teletrabalho e o trabalho intermitente já foram comentados nos arts. 75-A a 75-E e 452-A, respectivamente. Resta explicar o sentido de sobreaviso.

Sobreaviso é o tempo em que o empregado não está nas dependências da empresa, mas está aguardando ordens. Assim consta do art. 244 da CLT sobre o trabalhador na estrada de ferro, que pode ser empregado por analogia aos casos similares:

> § 2º Considera-se de "sobreaviso" o empregado efetivo, que permanecer em sua própria casa, aguardando a qualquer momento o chamado para o serviço. Cada escala de "sobreaviso" será, no máximo, de vinte e quatro horas. As horas de "sobreaviso", para todos os efeitos, serão contadas à razão de 1/3 (um terço) do salário normal.

Em relação aos motoristas, os §§ 8º e 9º do art. 235-C da CLT, com redação que lhe deu a Lei n. 13.103/2015, assim tratou do tempo de espera, que é algo análogo:

> § 8º São considerados tempo de espera as horas em que o motorista profissional empregado ficar aguardando carga ou descarga do veículo nas dependências do embarcador ou do destinatário e o período gasto

com a fiscalização da mercadoria transportada em barreiras fiscais ou alfandegárias, não sendo computados como jornada de trabalho e nem como horas extraordinárias.

§ 9º As horas relativas ao tempo de espera serão indenizadas na proporção de 30% (trinta por cento) do salário-hora normal.

Então, o que a Lei da Reforma está trazendo é que essa matéria pode ser negociada coletivamente, conforme a realidade de cada atividade econômica.

VIII — **remuneração por produtividade, incluídas as gorjetas percebidas pelo empregado, e remuneração por desempenho individual** — produtividade é o volume da produção do empregado por unidade de tempo. Com efeito, é justo que o empregado que produz mais deve ganhar mais. Assim, cabe à categoria regulamentar mediante negociação coletiva os critérios de aferição da produtividade e do desempenho pessoal do obreiro. Esse critério é justo, porque premia os mais produtivos sem, no entanto, excluir os de menor desempenho.

IX — **modalidade de registro de jornada de trabalho** — é bom, porque o sistema oficial é estressante e nem sempre atende às realidades profissionais. Assim, cada categoria profissional vai negociar com a empresa a modalidade que lhe satisfaz.

Quadro de horário e Registro Eletrônico de Ponto — REP — o art. 74 da CLT disciplina o registro dos horários de entrada e saída, com marcação manual, mecânica ou eletrônica. Os estabelecimentos com mais de dez empregados são obrigados a efetuar esses registros, bem como exibir o quadro de horários. A falta de exibição desse documento, em reclamação trabalhista em que se postulem horas extras, gera presunção relativa em favor do reclamante — Súmula n. 338 do TST.

A Portaria n. 1.510/2009 instituiu o Registro de Ponto Eletrônico —, regulamentando o art. 74 da CLT, de onde se deduz que obriga só os estabelecimentos com mais de dez empregados. O art. 3º define o que é ponto eletrônico, o art. 4º expõe seus requisitos, o art. 31 trata do Certificado de Conformidade do REP com a Legislação. O art. 6º dita que o REP deverá prover as seguintes funcionalidades:

I — marcação de ponto composta dos seguintes passos: a) receber diretamente a identificação do trabalhador, sem interposição de outro equipamento; b) obter a hora do relógio de Tempo Real; c) imprimir o comprovante do trabalhador;

II — geração do Arquivo-Fonte de Dados — AFD, a partir dos dados armazenados na MRP;

III — gravação do AFD em dispositivo externo de memória, por meio da Porta Fiscal;

IV — emissão da Relação Instantânea de Marcações com as marcações efetuadas nas 24h precedentes, contendo: a) cabeçalho com identificador e razão social do empregador, local de prestação do serviço, número de fabricação do REP; b) NSR; c) número do PIS e nome do empregado; d) horário da marcação.

Como se vê, o sistema oficial é muito complexo e não atende a todas as realidades fáticas.

X — **troca do dia feriado** — já acontece na prática. Não vemos nada de mal.

XI — **enquadramento do grau de insalubridade** — isso é inconstitucional, porque o enquadramento se dá em níveis mínimo, médio e máximo, conforme o grau de nocividade do ambiente de trabalho para a saúde. E os níveis de nocividade são aferidos por perícia especializada, realizada segundo os parâmetros legais e da Portaria n. 3.214/1978, NR-15. Portanto, não comporta negociação individual ou coletiva nesse tema. Com saúde não se brinca. E esse é um problema de saúde pública, portanto, questão de Estado.

XII — **prorrogação de jornada em ambientes insalubres**, sem licença prévia das autoridades competentes do Ministério do Trabalho — é outro ponto inegociável, porque a saúde pública é intransigível. Por sua vez, é muito perigoso para o empregador usar dessa faculdade, visto que o ônus dos acidentes de trabalho que ocorrerem durante a prorrogação da jornada será de responsabilidade da empresa, lembrando ainda que o adoecimento decorrente dessa prorrogação é considerado acidente de trabalho, com culpa do empregador. E as indenizações por tais eventos são pesadas.

XIII — **prêmios de incentivo** em bens ou serviços, eventualmente concedidos em programas de incentivo — o costume já patenteou essa forma. É comum empregados de grandes empresas ganharem viagens de férias, para assistir à Copa do Mundo etc.

XIV — **participação nos lucros** ou resultados da empresa — é o rateio de um percentual do lucro da empresa com os empregados, ou a atribuição de uma participação em face do resultado atingido pela empresa. As Constituições de 1946 e 1967/1969 previam essa matéria, porém sem regulamentação pelo Congresso Nacional. A Constituição vigente prevê esse direito (art. 7º, XI), inovando em um ponto importante: desvincula-a do salário do empregado. Isso implica que *essa parcela não compõe base de cálculo dos demais direitos do empregado, inclusive os rescisórios e os custos sociais*. A Lei n. 10.101/2000 regulamenta a matéria, a ser convencionada entre a empresa e seus empregados ou por meio de uma comissão escolhida pelas partes, integrada ainda por um representante indicado pelo Sindicato da respectiva categoria; ou por meio de acordo ou convenção coletiva.

Pois bem, o que a Reforma faz é reafirmar o que já consta da Lei n. 10.101/2000.

25.1. Questões hermenêuticas sobre o negociado

> § 1º No exame da convenção coletiva ou do acordo coletivo de trabalho, a Justiça do Trabalho observará o disposto no § 3º do art. 8º desta Consolidação.
>
> § 2º A inexistência de expressa indicação de contrapartidas recíprocas em convenção coletiva ou acordo coletivo de trabalho não ensejará sua nulidade por não caracterizar um vício do negócio jurídico.
>
> § 3º Se for pactuada cláusula que reduza o salário ou a jornada, a convenção coletiva ou o acordo coletivo de trabalho deverão prever a proteção dos empregados contra dispensa imotivada durante o prazo de vigência do instrumento coletivo.
>
> § 4º Na hipótese de procedência de ação anulatória de cláusula de convenção coletiva ou de acordo coletivo de trabalho, quando houver a cláusula compensatória, esta deverá ser igualmente anulada, sem repetição do indébito.
>
> § 5º Os sindicatos subscritores de convenção coletiva ou de acordo coletivo de trabalho deverão participar, como litisconsortes necessários, em ação individual ou coletiva, que tenha como objeto a anulação de cláusulas desses instrumentos.

O § 1º remete ao § 3º do art. 8º, com redação dada pela Lei da Reforma. Esse dispositivo dita que a Justiça do Trabalho se limitará a examinar os pressupostos do negócio jurídico, previstos no art. 104 do Código Civil: agente capaz; objeto lícito, possível, determinado ou determinável; forma legal ou não proibida por lei. Acontece que esse artigo dialoga com os arts. 138 e seguintes, ou seja, o ato é viciado quando ocorrer qualquer dos vícios de consentimento, como dolo, erro ou ignorância, coação, fraude, estado de perigo etc. Remetemos o leitor ao comentário ao art. 8º.

No § 2º, o legislador diz que a falta de cláusula compensatória não é caso de nulidade. Ora, como se disse alhures, a perda de um direito só é lícita em troca de uma vantagem, a falta da qual invalida a cláusula leonina. A pretensão do legislador de dizer que o que é não é compara-se a um decreto de certo prefeito que pretendia acabar com a dengue proibindo que os mosquitos entrassem no seu Município.

Não adianta. Nulo é nulo segundo a teoria geral das nulidades, constante do Código Civil. No caso, aplicar-se-ão, em primeiro lugar, os arts. 112 a 114:

> Art. 112. Nas declarações de vontade se atenderá mais à intenção nelas consubstanciada do que ao sentido literal da linguagem.

Art. 113. Os negócios jurídicos devem ser interpretados conforme a boa-fé e os usos do lugar de sua celebração.

Art. 114. Os negócios jurídicos benéficos e a renúncia interpretam-se estritamente.

O § 3º do art. 611-A condiciona a negociação de redução de salário à compensação com cláusula de proteção contra despedida imotivada ou arbitrária durante a vigência do pacto coletivo.

O § 4º assegura às empresas a invalidação da cláusula compensatória da cláusula anulada. E protege os trabalhadores contra a devolução de pagamentos já efetuados.

O § 5º trata de matéria processual, criando mais uma hipótese de litisconsorte necessário. Ou seja, em qualquer questão que tenha por objeto anulação de cláusula de instrumento de negociação coletiva do trabalho, o sindicato será citado para integrar a lide.

Litisconsórcio significa a mesma sorte no litígio; "*é o laço que prende no mesmo processo dois ou mais litigantes na posição de coautores ou corréus*", diz Gabriel de Rezende Filho[11].

O litisconsórcio pode ser inicial ou originário e ulterior ou superveniente, conforme se estabeleça com a petição inicial ou na contestação, ou já no curso do processo, respectivamente. Pode ser ativo e/ou passivo, conforme figurem vários autores, vários réus, ou vários autores e réus a um só tempo.

Litisconsórcio é **necessário** ou obrigatório e **facultativo**.

É *necessário* quando, por disposição de lei ou pela natureza da relação jurídica, o juiz tiver de decidir a lide de modo uniforme para todas as partes; caso em que a eficácia da sentença dependerá da citação de todos os litisconsortes no processo. Em face do princípio da indisponibilidade da ação, só há litisconsórcio necessário no polo passivo; não no ativo, dado que ninguém pode ser obrigado a ajuizar ação.

Quanto à posição das partes no direito material, pode ser: a) *simples*, quando o juiz é livre para julgar de modo distinto para cada um dos litisconsortes, os quais são tratados na sentença como partes autônomas; b) unitário, quando o juiz deve julgar necessariamente de maneira uniforme em relação a todos os litisconsortes.

Podemos declinar como exemplos de litisconsórcio passivo: no mandado de segurança movido por empregador contra decisão de juiz, proferida em reclamação trabalhista, o reclamante é litisconsorte passivo necessário; da mesma forma, na ação rescisória de sentença proferida em reclamação individual plúrima; e na solidariedade de empresas, conforme art. 2º, § 2º, da CLT.

---

(11) REZENDE FILHO, Gabriel. *Direito processual civil*. São Paulo: Saraiva, 1944. v. III, p. 270.

Sobre o facultativo, preceitua o art. 113 do Código de Processo Civil:

"Duas ou mais pessoas podem litigar, no mesmo processo, em conjunto, ativa ou passivamente, quando:

I — entre elas houver comunhão de direitos ou de obrigações relativamente à lide;

II — entre as causas houver conexão pelo pedido ou pela causa de pedir;

IIII — ocorrer afinidade de questões por um ponto comum de fato ou de direito."

25.2. O que não pode ser negociado

> Art. 611-B. Constituem objeto ilícito de convenção coletiva ou de acordo coletivo de trabalho, exclusivamente, a supressão ou a redução dos seguintes direitos:
>
> I — normas de identificação profissional, inclusive as anotações na Carteira de Trabalho e Previdência Social;
>
> II — seguro-desemprego, em caso de desemprego involuntário;
>
> III — valor dos depósitos mensais e da indenização rescisória do Fundo de Garantia do Tempo de Serviço (FGTS);
>
> IV — salário mínimo;
>
> V — valor nominal do décimo terceiro salário;
>
> VI — remuneração do trabalho noturno superior à do diurno;
>
> VII — proteção do salário na forma da lei, constituindo crime sua retenção dolosa;
>
> VIII — salário-família;
>
> IX — repouso semanal remunerado;
>
> X — remuneração do serviço extraordinário superior, no mínimo, em 50% (cinquenta por cento) à do normal;
>
> XI — número de dias de férias devidas ao empregado;
>
> XII — gozo de férias anuais remuneradas com, pelo menos, um terço a mais do que o salário normal;
>
> XIII — licença-maternidade com a duração mínima de cento e vinte dias;

XIV — licença-paternidade nos termos fixados em lei;

XV — proteção do mercado de trabalho da mulher, mediante incentivos específicos, nos termos da lei;

XVI — aviso-prévio proporcional ao tempo de serviço, sendo no mínimo de trinta dias, nos termos da lei;

XVII — normas de saúde, higiene e segurança do trabalho previstas em lei ou em normas regulamentadoras do Ministério do Trabalho;

XVIII — adicional de remuneração para as atividades penosas, insalubres ou perigosas;

XIX — aposentadoria;

XX — seguro contra acidentes de trabalho, a cargo do empregador;

XXI — ação, quanto aos créditos resultantes das relações de trabalho, com prazo prescricional de cinco anos para os trabalhadores urbanos e rurais, até o limite de dois anos após a extinção do contrato de trabalho;

XXII — proibição de qualquer discriminação no tocante a salário e critérios de admissão do trabalhador com deficiência;

XXIII — proibição de trabalho noturno, perigoso ou insalubre a menores de dezoito anos e de qualquer trabalho a menores de dezesseis anos, salvo na condição de aprendiz, a partir de quatorze anos;

XXIV — medidas de proteção legal de crianças e adolescentes;

XXV — igualdade de direitos entre o trabalhador com vínculo empregatício permanente e o trabalhador avulso;

XXVI — liberdade de associação profissional ou sindical do trabalhador, inclusive o direito de não sofrer, sem sua expressa e prévia anuência, qualquer cobrança ou desconto salarial estabelecidos em convenção coletiva ou acordo coletivo de trabalho;

XXVII — direito de greve, competindo aos trabalhadores decidir sobre a oportunidade de exercê-lo e sobre os interesses que devam por meio dele defender;

XXVIII — definição legal sobre os serviços ou atividades essenciais e disposições legais sobre o atendimento das necessidades inadiáveis da comunidade em caso de greve;

XXIX — tributos e outros créditos de terceiros;

> XXX — as disposições previstas nos arts. 373-A, 390, 392, 392-A, 394, 394-A, 395, 396 e 400 desta Consolidação.
>
> Parágrafo único. Regras sobre duração do trabalho e intervalos não são consideradas como normas de saúde, higiene e segurança do trabalho para os fins do disposto neste artigo.

O art. 611-B relaciona em 30 incisos os direitos que não podem ser reduzidos ou excluídos por negociação coletiva do trabalho. São os direitos mínimos garantidos pelo art. 7º da Constituição, que não podem ser mexidos por lei ordinária. E direitos protegidos por normas imperativas, de ordem pública.

Portanto, não há qualquer dádiva aos trabalhadores nesse rol de direitos inegociáveis para menos, porque representam apenas o patamar mínimo constitucional. Apenas o legislador reformista não tem poder para flexibilizar tais direitos.

Todavia, não significa que sobre eles não haja margem de negociação. O que não se pode é reduzir ou suprimir, mas pode-se negociar o modo de gozo do direito. Por exemplo, o valor nominal do 13º salário é inegociável, mas pode-se negociar a forma de antecipação de pagamento. O repouso semanal pode ser negociado quanto ao dia de gozo, não necessariamente no domingo. O trabalho extraordinário é matéria de negociação, com remuneração da hora extra não inferior ao previsto na Constituição. As férias podem ser parceladas em até três períodos, um dos quais não inferior a 14 dias e dois não inferiores a cinco dias. Não pode, todavia, ser reduzido o período para menos de 30 dias, nem suprimido o adicional de um terço da remuneração das férias.

No inciso XXX, a Reforma protege contra negociação as hipóteses dos arts. 373 (jornada de trabalho da mulher), 390 (vedação de empregar mulher em serviço que demande força muscular superior a quinze quilos em atividade contínua ou vinte quilos em atividade ocasional), 392 (licença-maternidade e proteções anexas), 392-A (direitos da adotante), 394 (direito de a gestante romper o contrato de trabalho prejudicial à gestação), 394-A, incluído pela Lei n. 13.287/2016 (A empregada gestante ou lactante será afastada, enquanto durar a gestação e a lactação, de quaisquer atividades, operações ou locais insalubres, devendo exercer suas atividades em local salubre), 395 (aborto não criminoso), 396 (intervalos para amamentar) e 400 ("Os locais destinados à guarda dos filhos das operárias durante o período da amamentação deverão possuir, no mínimo, um berçário, uma saleta de amamentação, uma cozinha dietética e uma instalação sanitária").

25.3. Duração e fim da ultratividade das cláusulas negociais

> Art. 614. [...]

> § 3º Não será permitido estipular duração de convenção coletiva ou acordo coletivo de trabalho superior a dois anos, sendo vedada a ultratividade.

A alteração que se faz no § 3º do art. 614 revoga a Súmula n. 277 do TST, com a redação dada em 2012, segundo a qual as cláusulas normativas dos acordos coletivos ou convenções coletivas integram os contratos individuais de trabalho e somente poderão ser modificadas ou suprimidas mediante negociação coletiva de trabalho. Essa Súmula está suspensa por decisão liminar do STF, do dia 10.10.2016, na ADPF n. 323. Logo, daí para cá não mais se incorporam as cláusulas negociais.

A interpretação que resultou nessa Súmula parte do final do § 2º do art. 214 da Constituição, com a redação dada pela EC n. 45/2004, pelo qual, no julgamento dos dissídios coletivos, os Tribunais do Trabalho respeitarão as disposições mínimas legais de proteção ao trabalho, bem como as convencionadas anteriormente.

O art. 1º, § 1º, da Lei n. 8.542/92 preceitua que as cláusulas de negociação coletiva do trabalho integram os contratos individuais dos trabalhadores. Esse dispositivo foi revogado pela Lei n. 10.192, de 14.12.2001.

A jurisprudência do TST enunciava que as cláusulas negociais firmadas na vigência da Lei n. 8.542, ou seja, de 24.12.1992 a 16.2.2001, se incorporaram aos contratos individuais.

Destarte, é justo e racional interpretar-se o art. 114, § 2º, *in fine*, atendendo à funcionalidade do Poder estatal, que se incorporem as cláusulas reiteradas nos instrumentos de negociação coletiva; assim como é razoável não se incorporarem as cláusulas que, por sua natureza, constituem inovação e as que em cada ano se modificam. Esse critério respeita a validade do preceito constitucional, como tem que ser, e faz justiça ao empregado e ao empregador.

Por último, cumpre reiterar que o princípio da irretroatividade da lei protege aqueles que já incorporaram direitos dos instrumentos de negociação coletiva vigentes no dia em que a Lei da Reforma entrou em vigor, ou seja, 120 dias após a sua publicação no Diário Oficial da União. Também por força da cláusula pétrea do direito adquirido (art. 5º, XXXVI da Constituição: "a lei não prejudicará o direito adquirido, o ato jurídico perfeito e a coisa julgada"). Tais direitos e condições de trabalho já incorporados segundo o direito vigentes antes da Reforma só podem ser revogados por nova negociação coletiva, logicamente mediante compensação.

25.4. Hierarquia das normas negociais

> Art. 620. As condições estabelecidas em acordo coletivo de trabalho sempre prevalecerão sobre as estipuladas em convenção coletiva de trabalho.

A alteração ao art. 620 se deu para inverter o preceito contido na redação anterior:

> Art. 620. As condições estabelecidas em Convenção quando mais favoráveis, prevalecerão sobre as estipuladas em Acordo.

A redação anterior ainda ressalvava a norma mais favorável, que é um princípio fundamental de direito do trabalho, segundo o qual quando mais de uma norma dispuser sobre o mesmo direito, prevalecerá a mais favorável ao obreiro. A nova redação revoga ainda a regra principiológica da condição mais benéfica.

Essas alterações na lei são prejudiciais aos empregados, visto que a empresa pode se rebelar para não cumprir uma convenção coletiva e viabilizar um acordo coletivo menos oneroso para si.

Por isso, cumpre ficar atento para que acordos coletivos sem razão de existir venham a substituir convenção coletiva. Verificada a má-fé, aplicar-se-á a regra mais favorável ao obreiro, por imperativo dos arts. 113 e 114 do Código Civil.

26. Multas Trabalhistas — Reajuste dos Valores

> Art. 634. [...]
>
> § 1º [...]
>
> § 2º Os valores das multas administrativas expressos em moeda corrente serão reajustados anualmente pela Taxa Referencial (TR), divulgada pelo Banco Central do Brasil, ou pelo índice que vier a substituí-lo.

A Lei da Reforma acrescentou o § 2º ao art. 634, porque o direito anterior era duvidoso quanto ao índice de correção dos valores expressos em moeda, ora fixando em salário mínimo, que não é permitido pela Constituição Federal (art. 7º, IV, *in fine*), ora em índices de correção já extintos.

SEGUNDA PARTE

PROCESSO DO TRABALHO

1. Justiça do Trabalho — Competência

> Art. 652. Compete às Varas do Trabalho:
>
> [...]
>
> f) decidir quanto à homologação de acordo extrajudicial em matéria de competência da Justiça do Trabalho.

A Justiça do Trabalho tem competência para processar, conciliar e julgar todos os dissídios decorrentes da relação de trabalho, diz o art. 114, I, da Constituição. Porém, no rol das competências, não constava essa, de homologar acordo extrajudicial. O que acontecia era a homologação de acordo nos autos do processo que já tramitava. Era uma incongruência, porque as partes tinham que ajuizar o dissídio para, nele, poder fazer o acordo.

As formalidades do peticionamento do acordo também foram objeto da Reforma, exigindo-se, por exemplo, que a petição seja subscrita por advogado, não podendo ser advogado comum às partes, conforme veremos adiante, no comentário aos arts. 855-A a 855-E.

2. Tribunais do Trabalho — Processo de Sumulação

> Art. 702.
>
> I – [...]
>
> [...]
>
> f) estabelecer ou alterar súmulas e outros enunciados de jurisprudência uniforme, pelo voto de pelo menos dois terços de seus membros, caso a mesma matéria já tenha sido decidida de forma idêntica por unanimidade em, no mínimo, dois terços das turmas em pelo menos dez sessões diferentes em cada uma delas, podendo, ainda, por maioria de dois terços de seus membros, restringir os efeitos daquela declaração ou decidir que ela só tenha eficácia a partir de sua publicação no *Diário Oficial*;
>
> [...]
>
> § 3º As sessões de julgamento sobre estabelecimento ou alteração de súmulas e outros enunciados de jurisprudência deverão ser públicas, divulgadas com, no mínimo, trinta dias de antecedência, e deverão possibilitar a sustentação oral pelo Procurador-Geral do Trabalho, pelo Conselho Federal da Ordem dos Advogados do Brasil, pelo Advogado-Geral da União e por confederações sindicais ou entidades de classe de âmbito nacional.
>
> § 4º O estabelecimento ou a alteração de súmulas e outros enunciados de jurisprudência pelos Tribunais Regionais do Trabalho deverão observar o disposto na alínea *f* do inciso I e no § 3º deste artigo, com rol equivalente de legitimados para sustentação oral, observada a abrangência de sua circunscrição judiciária.

O Tribunal Superior do Trabalho — TST se recolhe durante alguns dias, uma ou duas vezes por ano para revisar sua jurisprudência. Ao final do retiro, anuncia as mudanças nos seus enunciados de Súmulas e Orientações Jurisprudenciais.

De fato, é um processo absolutamente unilateral, sem a mínima dialética com a sociedade e com outras instituições essenciais à justiça. Sabe-se que tudo isso se faz com muito cuidado e criteriosamente. Porém, há que se admitir, não é republicano.

Também não precisava o legislador reformista fechar tanto, como fez na letra *f*, do art. 702 da CLT, praticamente inviabilizando o processo de edição de súmulas e orientações jurisprudenciais. E como modificá-las se as Turmas estão vinculadas aos enunciados das mesmas? Com efeito, as Turmas e as Sessões, quando têm que julgar contra seus enunciados, primeiro provocam a respectiva modificação.

Bastavam os §§ 3º e 4º, que abrem o processo a uma formalidade e dialética mínima.

Dissequemos o preceito da letra *f*:

1º Só pode estabelecer ou alterar súmula pelo voto de 2/3 de seus membros. O TST tem 27 membros. Logo, por deliberação de 18 Ministros.

2º Caso a mesma matéria já tenha sido decidida de forma idêntica por unanimidade em, no mínimo, dois terços das turmas. São 8 Turmas. Como 2/3 de 8 não é um número inteiro, é necessário o posicionamento unânime de 6 Turmas sobre o mesmo tema.

3º Em pelo menos dez sessões diferentes em cada uma delas.

4º Podendo, ainda, por maioria de dois terços de seus membros, restringir os efeitos daquela declaração ou decidir que ela só tenha eficácia a partir de sua publicação no Diário Oficial. Entenda-se aqui que o TST, ao sumular ou firmar orientação jurisprudencial ou outra manifestação de sua jurisprudência uniforme possa *modular seus efeitos*.

O § 3º republicaniza o processo de sumulação e o § 4º determina o mesmo procedimento em relação aos Tribunais Regionais do Trabalho. Assim, em relação a estes, as sustentações orais serão feitas pelo Procurador Regional do Trabalho que atua na Região do Tribunal Regional, o Presidente da Seccional da OAB, o representante local da AGU e Representantes de Federações sindicais ou associações de âmbito regional. Quando o TRT jurisdicionar em mais de um Estado, virão ao processo a OAB, a AGU, as federações e as associações de cada Estado jurisdicionado.

3. Alterações dos Prazos

> Art. 775. Os prazos estabelecidos neste Título serão contados em dias úteis, com exclusão do dia do começo e inclusão do dia do vencimento.
>
> § 1º Os prazos podem ser prorrogados, pelo tempo estritamente necessário, nas seguintes hipóteses:
>
> I — quando o juízo entender necessário;
>
> II — em virtude de força maior, devidamente comprovada.
>
> § 2º Ao juízo incumbe dilatar os prazos processuais e alterar a ordem de produção dos meios de prova, adequando-os às necessidades do conflito de modo a conferir maior efetividade à tutela do direito.

O Código de Processo Civil de 2015 fixou no art. 219: "Na contagem de prazo em dias, estabelecido por lei ou pelo juiz, computar-se-ão somente os dias úteis". A Resolução n. 39/2016 do TST interpretou que essa regra do novo CPC não se aplica ao processo do trabalho, por haver norma expressa na CLT, fixando o prazo em dias corridos.

Portanto, a alteração se processou para adotar a uniformidade de prazo no processo civil e no do trabalho.

Os incisos I e II e o § 2º conferem liberdade ao Juiz do Trabalho, quanto à dilação e prorrogação dos prazos, bem como na colheita da prova, quebrando o rigor formal do processo comum. Assim, se o juiz entender que é mais oportuno tomar primeiro a prova do reclamado, para melhor aproveitá-la, deve fazê-lo; se ouvir a testemunha antes da perícia se mostrar, no caso sob apreciação, mais produtivo, assim deve ser feito. Aliás, esta é apenas uma consequência do art. 765 da CLT:

> Art. 765. Os Juízos e Tribunais do Trabalho terão ampla liberdade na direção do processo e velarão pelo andamento rápido das causas, podendo determinar qualquer diligência necessária ao esclarecimento delas.

4. Das Custas Processuais

> Art. 789. Nos dissídios individuais e nos dissídios coletivos do trabalho, nas ações e procedimentos de competência da Justiça do Trabalho, bem como nas demandas propostas perante a Justiça Estadual, no exercício da jurisdição trabalhista, as custas relativas ao processo de conhecimento incidirão à base de 2% (dois por cento), observado o mínimo de R$ 10,64 (dez reais e sessenta e quatro centavos) e o máximo de quatro vezes o limite máximo dos benefícios do Regime Geral de Previdência Social, e serão calculadas:
>
> [...]

A alteração levada a efeito fixou o valor máximo das custas judiciais na fase de conhecimento: quatro vezes o limite máximo dos benefícios pagos pela Previdência Social (4 x **R$ 5.531,31** a partir de 1º.1.2017).

5. Da Justiça Gratuita

> Art. 790. [...]
>
> [...]
>
> § 3º É facultado aos juízes, órgãos julgadores e presidentes dos tribunais do trabalho de qualquer instância conceder, a requerimento ou de ofício, o benefício da justiça gratuita, inclusive quanto a traslados e instrumentos, àqueles que perceberem salário igual ou inferior a 40% (quarenta por cento) do limite máximo dos benefícios do Regime Geral de Previdência Social.
>
> § 4º O benefício da justiça gratuita será concedido à parte que comprovar insuficiência de recursos para o pagamento das custas do processo.

Na Constituição Federal são referências os incisos LIV (ampla defesa), LXXIV (assistência judiciária), do art. 5º e art. 133 (essencialidade do advogado); na Lei, em caráter geral, tratam da matéria as Leis ns. 5.584/70 (assistência ao trabalhador), 8.906/94 (Estatuto da OAB), CPC/2015, arts. 98 a 102, e art. 790, § 3º, CLT.

O § 3º sofreu alteração para fixar a remuneração de até 40% do maior valor do benefício previdenciário (40% de R$ **5.531,31**, válido a partir de 1º.1.2017, = R$ 2.212,52) para o trabalhador ter direito à justiça gratuita.

A regra anterior, com a redação da Lei n. 10.537/2002, facultava ao juiz conceder a Justiça Gratuita a quem percebesse até dois salários mínimos ou declarasse estado de miserabilidade.

Essas redações, a atual e a anterior, são incompatíveis com a CF/88. Com efeito, **a Justiça Gratuita constitui um direito subjetivo fundamental de berço constitucional, não um favor judicial**. Nesse modelo, o juiz não é senhor do direito de ninguém: ele é apenas o intérprete das pretensões dentro do sistema do direito objetivo. Logo, **não existe essa faculdade do juiz**: uma vez verificadas as condições objetivas do direito, impõe-se o seu deferimento.

Tanto não é faculdade do juiz que logo no § 4º o legislador reformista diz que o benefício da justiça gratuita **será concedido** a quem comprovar insuficiência econômica.

Essa última regra destina-se ao reclamado, que, sendo pessoa física, basta declarar sua insuficiência econômica, e sendo empresa, depende de comprovação.

Por fim, para imprimir plena funcionalidade ao § 3º ora comentado, leia-se que:

a) é facultado aos órgãos julgadores conceder, **de ofício,** o benefício da justiça gratuita a quem perceber até 40% do maior valor do benefício previdenciário (40% de R$ 5.531,31, válido a partir de 1º.1.2017 = R$ 2.212,52);

b) o juiz deferirá também a quem requerer, demonstrando insuficiência econômica, caso que alberga o empregador, que, se for pessoa jurídica, tem que comprovar a insuficiência econômica;

c) deferirá igualmente a quem declarar, diretamente ou através do procurador, que não tem condição econômica de custear o processo sem prejuízo do sustento próprio e da família.

A essa conclusão chegou o TST, que, em 26.6.2017, alterou a Súmula n. 269, cuja redação ficou assim:

ASSISTÊNCIA JUDICIÁRIA GRATUITA. COMPROVAÇÃO (conversão da Orientação Jurisprudencial n. 304 da SBDI-I, com alterações decorrentes do CPC de 2015)

I — A partir de 26.6.2017, para a concessão da assistência judiciária gratuita à pessoa natural, basta a declaração de hipossuficiência econômica firmada pela parte ou por seu advogado, desde que munido de procuração com poderes específicos para esse fim (art. 105 do CPC de 2015);

II — No caso de pessoa jurídica, não basta a mera declaração: é necessária a demonstração cabal de impossibilidade de a parte arcar com as despesas do processo.

A justiça gratuita exime das despesas processuais, inclusive da obrigação de depósito recursal, como veremos adiante.

6. Dos Honorários Periciais

> Art. 790-B. A responsabilidade pelo pagamento dos honorários periciais é da parte sucumbente na pretensão objeto da perícia, ainda que beneficiária da justiça gratuita.
>
> § 1º Ao fixar o valor dos honorários periciais, o juízo deverá respeitar o limite máximo estabelecido pelo Conselho Superior da Justiça do Trabalho.
>
> § 2º O juízo poderá deferir parcelamento dos honorários periciais.
>
> § 3º O juízo não poderá exigir adiantamento de valores para realização de perícias.
>
> § 4º Somente no caso em que o beneficiário da justiça gratuita não tenha obtido em juízo créditos capazes de suportar a despesa referida no *caput*, ainda que em outro processo, a União responderá pelo encargo.

A redação anterior excluía a responsabilidade do sucumbente beneficiário da justiça gratuita. A atual redação não perdoa, a parte que for vencida no item alusivo à perícia pagará os honorários do perito. E a União só responderá pelo pagamento se o reclamante não obtiver no processo valor suficiente para tanto.

Com isso, se o empregado postular horas extras e adicional de periculosidade, sendo vencido neste e vencedor naquelas, poderá não receber nada, porque os honorários periciais fagocitarão o valor das horas extras. De certa forma, é uma intimidação à pretensão de adicionais de insalubridade e periculosidade.

Sobre essa matéria, o Conselho Superior da Justiça do Trabalho emitiu a Resolução n. 66/2010:

> Art. 1º Os Tribunais Regionais do Trabalho deverão destinar recursos orçamentários para:
>
> I — o pagamento de honorários periciais, sempre que à parte sucumbente na pretensão for concedido o benefício da justiça gratuita;

II — o pagamento de honorários a tradutores e intérpretes, que será realizado após atestada a prestação dos serviços pelo juízo processante, de acordo com a tabela constante do Anexo.

§ 1º Os valores serão consignados sob a rubrica "Assistência Judiciária a Pessoas Carentes", em montante estimado que atenda à demanda da Região, segundo parâmetros que levem em conta o movimento processual.

§ 2º O juiz poderá ultrapassar em até 3 (três) vezes os valores fixados na tabela constante do Anexo, observados o grau de especialização do tradutor ou intérprete e a complexidade do trabalho, comunicando-se ao Corregedor do Tribunal.

Art. 2º A responsabilidade da União pelo pagamento de honorários periciais, em caso de concessão do benefício da justiça gratuita, está condicionada ao atendimento simultâneo dos seguintes requisitos:

I — fixação judicial de honorários periciais;

II — sucumbência da parte na pretensão objeto da perícia;

III — trânsito em julgado da decisão.

§ 1º A concessão da justiça gratuita a empregador, pessoa física, dependerá da comprovação de situação de carência que inviabilize a assunção dos ônus decorrentes da demanda judicial.

§ 2º O pagamento dos honorários poderá ser antecipado, para despesas iniciais, em valor máximo equivalente a R$ 350,00 (trezentos e cinquenta reais), efetuando-se o pagamento do saldo remanescente após o trânsito em julgado da decisão, se a parte for beneficiária de justiça gratuita.

§ 3º No caso de reversão da sucumbência, quanto ao objeto da perícia, caberá ao reclamado-executado ressarcir o erário dos honorários periciais adiantados, mediante o recolhimento da importância adiantada em GRU — Guia de Recolhimento da União, em código destinado ao Fundo de "Assistência Judiciária a Pessoas Carentes", sob pena de execução específica da verba.

Art. 3º Em caso de concessão do benefício da justiça gratuita, o valor dos honorários periciais, observado o limite de R$ 1.000,00 (um mil reais), será fixado pelo juiz, atendidos:

I — a complexidade da matéria;

II — o grau de zelo profissional;

III — o lugar e o tempo exigidos para a prestação do serviço;

IV — as peculiaridades regionais.

Parágrafo único. A fixação dos honorários periciais, em valor maior do que o limite estabelecido neste artigo, deverá ser devidamente fundamentada.

Art. 4º Havendo disponibilidade orçamentária, os valores fixados nesta Resolução serão reajustados anualmente no mês de janeiro, com base na variação do IPCA-E do ano anterior ou outro índice que o substitua, por ato normativo do Presidente do Tribunal.

Art. 5º O pagamento dos honorários efetuar-se-á mediante determinação do presidente do Tribunal, após requisição expedida pelo Juiz do feito, observando-se, rigorosamente, a ordem cronológica de apresentação das requisições e as deduções das cotas previdenciárias e fiscais, sendo o valor líquido depositado em conta bancária indicada pelo perito, tradutor ou intérprete.

Parágrafo único. O valor dos honorários será atualizado pelo IPCAE ou outro índice que o substitua, a partir da data do arbitramento até o seu efetivo pagamento.

Art. 6º As requisições deverão indicar, obrigatoriamente: o número do processo e o nome das partes; o valor dos honorários, especificando se de adiantamento ou se finais; o número da conta bancária para crédito; natureza e característica da atividade desempenhada pelo auxiliar do Juízo; declaração expressa de reconhecimento, pelo Juiz, do direito à justiça gratuita; certidão do trânsito em julgado e da sucumbência na perícia, se for o caso; e o endereço, telefone e inscrição no INSS do perito, tradutor ou intérprete.

Art. 8º As Presidências de Tribunais Regionais do Trabalho ficam autorizadas a celebrar convênios com instituições com notória experiência em avaliação e consultoria nas áreas de Meio Ambiente, Promoção da Saúde, Segurança e Higiene do Trabalho, e outras, capazes de realizar as perícias requeridas pelos Juízes.

Art. 9º O pagamento dos honorários está condicionado à disponibilidade orçamentária, transferindo-se para o exercício financeiro subsequente as requisições não atendidas.

Agora, depois da Reforma Trabalhista, temos que fazer outra leitura dessa Resolução. Não haverá antecipação de honorários, o ônus somente irá para a União se o reclamante não tiver crédito no processo suficiente para tanto. Cumpre observar que a lei vai dificultar as perícias, principalmente nos processos de menor valor e de pessoas mais simples, mormente sem adiantamento de uma parte para as despesas iniciais. O valor de R$ 1.000,00 é irrisório para remunerar qualquer profissional de perícia, é o valor de uma consulta médica especializada de dez minutos. Com isso, os juízes terão que usar sua criatividade para viabilizar as perícias.

Também temos dito que poderá ser aplicada a regra do ônus da prova: cabe ao autor provar os fatos constitutivos do seu direito; ao réu cabe provar os fatos impeditivos, modificativos ou extintivos do direito do autor (art. 818 da CLT, com a nova redação). Assim, quando o trabalhador alega exercer atividade enquadrada na lei ou Normas Regulamentadoras da Portaria n. 3.214/78 como insalubre e/ou perigosa, cabe ao empregador provar os fatos impeditivos, modificativos ou extintivos do direito do autor, pois **a regra se presume e a exceção se prova**. Assim, se o empregado alega que sua atividade consiste em mexer os produtos numa caldeira e requer adicional de insalubridade e o empregador não nega esse fato, cabe-lhe provar que a dita caldeira não é quente, ou que o calor não atinge o trabalhador em nível prejudicial. Logo, o ônus da prova é do empregador.

7. Dos Honorários Advocatícios

Art. 791-A. Ao advogado, ainda que atue em causa própria, serão devidos honorários de sucumbência, fixados entre o mínimo de 5% (cinco por cento) e o máximo de 15% (quinze por cento) sobre o valor que resultar da liquidação da sentença, do proveito econômico obtido ou, não sendo possível mensurá-lo, sobre o valor atualizado da causa.

§ 1º Os honorários são devidos também nas ações contra a Fazenda Pública e nas ações em que a parte estiver assistida ou substituída pelo sindicato de sua categoria.

§ 2º Ao fixar os honorários, o juízo observará:

I — o grau de zelo do profissional;

II — o lugar de prestação do serviço;

III — a natureza e a importância da causa;

IV — o trabalho realizado pelo advogado e o tempo exigido para o seu serviço.

§ 3º Na hipótese de procedência parcial, o juízo arbitrará honorários de sucumbência recíproca, vedada a compensação entre os honorários.

§ 4º Vencido o beneficiário da justiça gratuita, desde que não tenha obtido em juízo, ainda que em outro processo, créditos capazes de suportar a despesa, as obrigações decorrentes de sua sucumbência ficarão sob condição suspensiva de exigibilidade e somente poderão ser executadas se, nos dois anos subsequentes ao trânsito em julgado da decisão que as certificou, o credor demonstrar que deixou de existir a situação de insuficiência de recursos que justificou a concessão de gratuidade, extinguindo-se, passado esse prazo, tais obrigações do beneficiário.

§ 5º São devidos honorários de sucumbência na reconvenção.

Ficam instituídos os honorários advocatícios de sucumbência na Justiça do Trabalho, reivindicação histórica dos advogados trabalhistas.

Esse artigo revoga toda uma tradição de gratuidade do processo trabalhista para os trabalhadores e o art. 14 da Lei n. 5.584/1970, cristalizado na Súmula n. 219 do Tribunal Superior do Trabalho, segundo a qual:

> **Súmula n. 219/TST. Honorários advocatícios. Hipótese de cabimento na Justiça do Trabalho. Ação rescisória. Cabimento. Lei n. 1.060/1950, art. 11. Lei n. 5.584/1970, arts. 14 e 16. CPC, arts. 20 e 485. Lei n. 8.906/94 (EAOAB), art. 23. CLT, art. 836 (alterada a redação do item I e acrescidos os itens IV a VI na sessão do Tribunal Pleno realizada em 15.3.2016).**
>
> I — Na Justiça do Trabalho, a condenação ao pagamento de honorários advocatícios não decorre pura e simplesmente da sucumbência, devendo a parte, concomitantemente: a) estar assistida por sindicato da categoria profissional; b) comprovar a percepção de salário inferior ao dobro do salário mínimo ou encontrar-se em situação econômica que não lhe permita demandar sem prejuízo do próprio sustento ou da respectiva família (Lei n. 5.584/1970, art. 14, § 1º). (ex-OJ n. 305 da SBDI-I).
>
> II — É cabível a condenação ao pagamento de honorários advocatícios em ação rescisória no processo trabalhista.
>
> III — São devidos os honorários advocatícios nas causas em que o ente sindical figure como substituto processual e nas lides que não derivem da relação de emprego.
>
> IV — Na ação rescisória e nas lides que não derivem de relação de emprego, a responsabilidade pelo pagamento dos honorários advocatícios da sucumbência submete-se à disciplina do Código de Processo Civil (arts. 85, 86, 87 e 90).
>
> V — Em caso de assistência judiciária sindical ou de substituição processual sindical, exceutados os processos em que a Fazenda Pública for parte, os honorários advocatícios são devidos entre o mínimo de dez e o máximo de vinte por cento sobre o valor da condenação, do proveito econômico obtido ou, não sendo possível mensurá-lo, sobre o valor atualizado da causa (CPC de 2015, art. 85, § 2º).
>
> VI — Nas causas em que a Fazenda Pública for parte, aplicar-se-ão os percentuais específicos de honorários advocatícios contemplados no Código de Processo Civil.

Com a Reforma ora comentada, a Súmula n. 219 deve ser revista, resulta derrogado o seu inciso I e alterados os incisos V e VI, quanto aos percentuais, que serão arbitrados entre o mínimo de 5% e o máximo de 15%.

A nova Lei cria também a sucumbência recíproca, no caso de a procedência da ação ser apenas parcial. Nesse caso, se o trabalhador ganhar pouco na reclamação, só dará para pagar os honorários da sucumbência.

Uma vez sucumbente, não haverá perdão. Até ao trabalhador beneficiário da justiça gratuita serão cobrados os honorários advocatícios do advogado da parte vencedora. E somente se não houver crédito desse trabalhador, mesmo em outro processo, dir-se-á, mesmo em outro ramo da justiça, e não adquirindo ele condições econômicas no prazo de dois anos, é que a obrigação se extingue.

Com isso, a Justiça do Trabalho vai se inchar de execuções infrutíferas, tendo que custodiar processos transitados em julgado por dois anos, antes de arquivá-los.

8. Responsabilidade por Dano Processual e Litigância de Má-Fé

TÍTULO X — DO PROCESSO JUDICIÁRIO DO TRABALHO

CAPÍTULO II
Do Processo em Geral

Seção IV-A
Da Responsabilidade por Dano
Processual e Litigância de má-fé

Art. 793-A. Responde por perdas e danos aquele que litigar de má-fé como reclamante, reclamado ou interveniente.

Art. 793-B. Considera-se litigante de má-fé aquele que:

I — deduzir pretensão ou defesa contra texto expresso de lei ou fato incontroverso;

II — alterar a verdade dos fatos;

III — usar do processo para conseguir objetivo ilegal;

IV — opuser resistência injustificada ao andamento do processo;

V — proceder de modo temerário em qualquer incidente ou ato do processo;

VI — provocar incidente manifestamente infundado;

VII — interpuser recurso com intuito manifestamente protelatório.

Art. 793-C. De ofício ou a requerimento, o juízo condenará o litigante de má-fé a pagar multa, que deverá ser superior a 1% (um por cento) e inferior a 10% (dez por cento) do valor corrigido da

> causa, a indenizar a parte contrária pelos prejuízos que esta sofreu e a arcar com os honorários advocatícios e com todas as despesas que efetuou.
>
> § 1º Quando forem dois ou mais os litigantes de má-fé, o juízo condenará cada um na proporção de seu respectivo interesse na causa ou solidariamente aqueles que se coligaram para lesar a parte contrária.
>
> § 2º Quando o valor da causa for irrisório ou inestimável, a multa poderá ser fixada em até duas vezes o limite máximo dos benefícios do Regime Geral de Previdência Social.
>
> § 3º O valor da indenização será fixado pelo juízo ou, caso não seja possível mensurá-lo, liquidado por arbitramento ou pelo procedimento comum, nos próprios autos.
>
> Art. 793-D. Aplica-se a multa prevista no art. 793-C desta Consolidação à testemunha que intencionalmente alterar a verdade dos fatos ou omitir fatos essenciais ao julgamento da causa.
>
> Parágrafo único. A execução da multa prevista neste artigo dar-se-á nos mesmos autos.

A Lei da Reforma acrescentou os arts. 793-A a 793-D, transpondo os dispositivos do Código de Processo Civil para a CLT. Eis o texto do CPC:

Da Responsabilidade das Partes por Dano Processual

Art. 79. Responde por perdas e danos aquele que litigar de má-fé como autor, réu ou interveniente.

Art. 80. Considera-se litigante de má-fé aquele que:

I — deduzir pretensão ou defesa contra texto expresso de lei ou fato incontroverso;

II — alterar a verdade dos fatos;

III — usar do processo para conseguir objetivo ilegal;

IV — opuser resistência injustificada ao andamento do processo;

V — proceder de modo temerário em qualquer incidente ou ato do processo;

VI — provocar incidente manifestamente infundado;

VII — interpuser recurso com intuito manifestamente protelatório.

Art. 81. De ofício ou a requerimento, o juiz condenará o litigante de má-fé a pagar multa, que deverá ser superior a um por cento e inferior a dez por cento do valor corrigido da causa, a indenizar a parte contrária pelos prejuízos que esta sofreu e a arcar com os honorários advocatícios e com todas as despesas que efetuou.

§ 1º Quando forem 2 (dois) ou mais os litigantes de má-fé, o juiz condenará cada um na proporção de seu respectivo interesse na causa ou solidariamente aqueles que se coligaram para lesar a parte contrária.

§ 2º Quando o valor da causa for irrisório ou inestimável, a multa poderá ser fixada em até 10 (dez) vezes o valor do salário-mínimo.

§ 3º O valor da indenização será fixado pelo juiz ou, caso não seja possível mensurá-lo, liquidado por arbitramento ou pelo procedimento comum, nos próprios autos.

O abuso do processo também pode se enquadrar no denominado assédio processual.

A hipótese do inciso I deve ser vista com muita parcimônia, porque o direito de ação é um direito público, subjetivo e abstrato, dado que, só após o julgamento, transitado em julgado, é que se verá quem tem razão. A lei, como já comentamos, não é norma, mas apenas enunciado normativo, não gera direito, mas apenas expectativa de direito. A norma sobressai do conjunto do ordenamento jurídico. Por exemplo, a Constituição só manda prender quem é pego em flagrante delito e quem é condenado com decisão transitada em julgado. Mas o que se está vendo? O próprio Supremo Tribunal Federal já decidiu que basta a condenação em 2º grau de jurisdição. A Constituição diz que ninguém será privado da liberdade e dos seus bens sem o devido processo legal, que assegure ampla defesa e contraditório. Mas o que se está vendo? Prisões a balde, sem sequer processo!

No Código Civil de 1916, constava do art. 75: "a todo direito, corresponde uma ação que o assegura". Mas a nova teoria da ação revogou esse preceito, porque o direito não se resume à lei, mas ao conjunto dos fatos, com suas múltiplas valorações, princípios, jurisprudência, equidade etc. Portanto, no direito, tudo é aporético, nada é axiomático. Logo, não se tratando de matéria mansamente pacificada na jurisprudência, todo pleito e toda defesa, a princípio, são legítimos.

Os incisos IV (opuser resistência injustificada ao andamento do processo), V (proceder de modo temerário em qualquer incidente ou ato do processo), VI (provocar incidente manifestamente infundado), VII (interpuser recurso com intuito manifestamente protelatório) direcionam-se basicamente aos empregadores, que, mesmo cientes de que são devedores, abusam do processo para massacrar o reclamante, objetivando desestimular outras demandas.

Em conclusão, as empresas vão sair mais oneradas do processo, porque agora incidem sobre as condenações honorários advocatícios e dificilmente não se configurará a litigância de má-fé.

9. Exceção de Incompetência

> Art. 800. Apresentada exceção de incompetência territorial no prazo de cinco dias a contar da notificação, antes da audiência e em peça que sinalize a existência desta exceção, seguir-se-á o procedimento estabelecido neste artigo.
>
> § 1º Protocolada a petição, será suspenso o processo e não se realizará a audiência a que se refere o art. 843 desta Consolidação até que se decida a exceção.
>
> § 2º Os autos serão imediatamente conclusos ao juiz, que intimará o reclamante e, se existentes, os litisconsortes, para manifestação no prazo comum de cinco dias.
>
> § 3º Se entender necessária a produção de prova oral, o juízo designará audiência, garantindo o direito de o excipiente e de suas testemunhas serem ouvidos, por carta precatória, no juízo que este houver indicado como competente.
>
> § 4º Decidida a exceção de incompetência territorial, o processo retomará seu curso, com a designação de audiência, a apresentação de defesa e a instrução processual perante o juízo competente.

Com a formalização desse incidente, o processo do trabalho se tornará mais moroso e oneroso, particularmente em Regiões em que, por falta de indústria, os trabalhadores se empregam em outras Regiões. Vai chover exceção de incompetência, com oitiva de testemunhas no foro alegado como competente, para, só depois, se iniciar o processo principal. Cada incidente desses consumirá um ano de processo e um naco a mais do Erário.

Acolhida a exceção, imaginem um operário ter que acompanhar sua reclamação em outro Estado da Federação! De já, damos a receita: ele procurará o sindicato, que acionará o sindicato similar do outro Estado ou da outra região, que providenciará a representação do trabalhador na audiência, conforme art. 843,

§ 2º⁽¹²⁾, da CLT, produzindo suas provas orais por precatória expedida ao juízo de seu domicílio.

Sim, a decisão sobre a competência territorial é interlocutória, não comportando recurso com efeito suspensivo. Todavia, tal decisão poderá ser atacada, em preliminar, do recurso ordinário, se o excipiente recorrer da sentença que julgar o mérito da causa. E, se o Tribunal acolher a preliminar, enviará o processo para o juízo competente, onde tudo começará, como se diz, do começo. Quanto prejuízo, moral para o trabalhador e financeiro para a União.

---

(12) § 2º Se por doença ou qualquer outro motivo poderoso, devidamente comprovado, não for possível ao empregado comparecer pessoalmente, poderá fazer-se representar por outro empregado que pertença à mesma profissão, ou pelo seu sindicato.

10. Ônus da Prova

> Art. 818. O ônus da prova incumbe:
>
> I – ao reclamante, quanto ao fato constitutivo de seu direito;
>
> II – ao reclamado, quanto à existência de fato impeditivo, modificativo ou extintivo do direito do reclamante.
>
> § 1º Nos casos previstos em lei ou diante de peculiaridades da causa relacionadas à impossibilidade ou à excessiva dificuldade de cumprir o encargo nos termos deste artigo ou à maior facilidade de obtenção da prova do fato contrário, poderá o juízo atribuir o ônus da prova de modo diverso, desde que o faça por decisão fundamentada, caso em que deverá dar à parte a oportunidade de se desincumbir do ônus que lhe foi atribuído.
>
> § 2º A decisão referida no § 1º deste artigo deverá ser proferida antes da abertura da instrução e, a requerimento da parte, implicará o adiamento da audiência e possibilitará provar os fatos por qualquer meio em direito admitido.
>
> § 3º A decisão referida no § 1º deste artigo não pode gerar situação em que a desincumbência do encargo pela parte seja impossível ou excessivamente difícil.

Mais uma transposição literal do Código de Processo Civil de 2015:

> Art. 373. O ônus da prova incumbe:
>
> I – ao autor, quanto ao fato constitutivo de seu direito;
>
> II – ao réu, quanto à existência de fato impeditivo, modificativo ou extintivo do direito do autor.
>
> § 1º Nos casos previstos em lei ou diante de peculiaridades da causa relacionadas à impossibilidade ou à excessiva dificuldade de cumprir o

encargo nos termos do *caput* ou à maior facilidade de obtenção da prova do fato contrário, poderá o juiz atribuir o ônus da prova de modo diverso, desde que o faça por decisão fundamentada, caso em que deverá dar à parte a oportunidade de se desincumbir do ônus que lhe foi atribuído.

§ 2º A decisão prevista no § 1º deste artigo não pode gerar situação em que a desincumbência do encargo pela parte seja impossível ou excessivamente difícil.

O Processo Civil valeu-se do modelo processual trabalhista para se tornar mais eficiente e avançou um pouco. Agora, o Processo do Trabalho o copia. A regra do *caput* e seus incisos é antiga, foi transposta *ipsis litteris* do CPC de 1973. Os parágrafos são novidade. O § 1º versa sobre a inversão do ônus da prova. O § 2º exige que o juiz decida antes da audiência de instrução. Se houver requerimento nesse sentido, o que pode ser feito até a hora da audiência, esta será adiada para oportunizar o contraditório e a decisão sobre esse, digamos, incidente. O § 3º veda impor ônus da prova impossível, muito difícil, ou muito onerosa, também chamada de prova diabólica.

A inversão do ônus da prova já é uma prática trabalhista e do direito consumerista.

Entretanto, a teoria do ônus da prova, como disposto nos arts. 818 da CLT e 373 do NCPC se flexiona sob o *princípio da aptidão da prova*, ou *distribuição dinâmica do* ônus, a significar que o *onus probandi* é de quem possui condições de cumpri-lo no momento.

Essa teoria foi transplantada para o Processo do Trabalho sob a denominação de **inversão do ônus da prova**, que já é uma realidade no Direito brasileiro, ora implícita, ora expressa, como no art. 6º, VII, do Código de Defesa do Consumidor (Lei n. 8.078/90).

Ignorando essa vontade da lei, muitos juízes, nas reclamações de adicional de periculosidade ou insalubridade, determinam que o reclamante providencie a perícia; como ele não pode pagar perito, seu direito se perde. Ora, se as condições narradas caracterizam o trabalho insalubre ou perigoso, relacionadas nos normativos como tais, cabe ao empregador o ônus da prova em contrário. Aliás, nem se trata de inversão, mas de ônus de provar o fato impeditivo, modificativo ou extintivo do direito do autor. Se o trabalhador alega que opera uma caldeira e requer adicional de insalubridade por excesso de calor e o empregador contesta afirmando que a caldeira não é quente, ou que algum equipamento neutraliza o calor, cabe a ele provar, porque, de ordinário, caldeira é quente. Mas não escanchar sobre o hipossuficiente esse ônus.

A jurisprudência já evolui nesse sentido. Segundo a Súmula n. 338 do TST, se a empresa com mais de dez empregados tem o dever de manter quadro de horário, a falta de juntada deste ao processo presume a prestação do trabalho extra. No mesmo sentido a Súmula n. 212 (ônus probante do empregador na despedida). A Súmula n. 338, III, do TST assim dispõe:

> Os cartões de ponto que demonstram horário de entrada e saída invariáveis são inválidos como meio de prova, invertendo-se o ônus da prova, relativo às horas extras, que passa a ser do empregador, prevalecendo o horário da inicial se dele não se desincumbir.

11. Reclamação Trabalhista

> Art. 840. [...]
>
> § 1º Sendo escrita, a reclamação deverá conter a designação do juízo, a qualificação das partes, a breve exposição dos fatos de que resulte o dissídio, o pedido, que deverá ser certo, determinado e com indicação de seu valor, a data e a assinatura do reclamante ou de seu representante.
>
> § 2º Se verbal, a reclamação será reduzida a termo, em duas vias datadas e assinadas pelo escrivão ou secretário, observado, no que couber, o disposto no § 1º deste artigo.
>
> § 3º Os pedidos que não atendam ao disposto no § 1º deste artigo serão julgados extintos sem resolução do mérito.

A nova redação atualiza os termos, de acordo com a Emenda Constitucional n. 28, que extinguiu a representação classista, e em consequência as Juntas de Conciliação e seu Presidente, mudando os nomes para Varas do Trabalho e Juiz do Trabalho Titular de Vara.

Os §§ 1º e 3º são repetições do 852-B, que trata do procedimento sumaríssimo:

> Art. 852-B. Nas reclamações enquadradas no procedimento sumaríssimo:
>
> I — o pedido deverá ser certo ou determinado e indicará o valor correspondente;
>
> II — não se fará citação por edital, incumbindo ao autor a correta indicação do nome e endereço do reclamado;
>
> § 1º O não atendimento, pelo reclamante, do disposto nos incisos I e II deste artigo importará no arquivamento da reclamação e condenação ao pagamento de custas sobre o valor da causa.

Não há novidade no texto do § 2º; e o § 3º é totalmente novo neste artigo, mas é um transplante do § 1º do art. 852-B, acrescido pela Lei n. 9.957/2000, que instituiu o processo sumaríssimo.

Assim, o pedido nas reclamações trabalhistas será formulado da mesma forma, tanto no processo de rito ordinário como no sumaríssimo.

12. Contestação e Preposto

> Art. 841. [...]
>
> [...]
>
> § 3º Oferecida a contestação, ainda que eletronicamente, o reclamante não poderá, sem o consentimento do reclamado, desistir da ação.
>
> Art. 843. [...]
>
> [...]
>
> § 3º O preposto a que se refere o § 1º deste artigo não precisa ser empregado da parte reclamada.

O § 3º do art. 841 é totalmente novo e incorpora a regra do § 4º do art. 485 do Código de Processo Civil de 2015, segundo o qual "Oferecida a contestação, o autor não poderá, sem o consentimento do réu, desistir da ação".

E o § 3º do art. 843 é modificado para admitir preposto não empregado, que já era admitido em relação à microempresa, empresa de pequeno porte (art. 53 da Lei Complementar n. 123) e empregador doméstico. Com isso, fica sem fundamento de validade a Súmula n. 377 do TST:

PREPOSTO. EXIGÊNCIA DA CONDIÇÃO DE EMPREGADO (nova redação) — Res. n. 146/2008, DJ 28.4.2008, 2 e 5.5.2008

Exceto quanto à reclamação de empregado doméstico, ou contra micro ou pequeno empresário, o preposto deve ser necessariamente empregado do reclamado. Inteligência do art. 843, § 1º, da CLT e do art. 54 da Lei Complementar n. 123, de 14 de dezembro de 2006.

Portanto, doravante, qualquer reclamado pode se fazer representar na audiência trabalhista por preposto não empregado. Todavia, continua valendo a parte final do § 1º do art. 843, pelo que o preposto deve ter conhecimento dos fatos e suas declarações obrigarão o preponente. Se o preposto indicado não demonstrar conhecimento dos fatos, o reclamado pode sofrer pena de confissão, porque o objetivo da audiência é o esclarecimento de fatos, pois a parte documental prescinde de audiência.

Continuação desse comentário no item seguinte.

13. Da Audiência — Arquivamento — Revelia

Art. 844. [...]

§ 1º Ocorrendo motivo relevante, poderá o juiz suspender o julgamento, designando nova audiência.

§ 2º Na hipótese de ausência do reclamante, este será condenado ao pagamento das custas calculadas na forma do art. 789 desta Consolidação, ainda que beneficiário da justiça gratuita, salvo se comprovar, no prazo de quinze dias, que a ausência ocorreu por motivo legalmente justificável.

§ 3º O pagamento das custas a que se refere o § 2º é condição para a propositura de nova demanda.

§ 4º A revelia não produz o efeito mencionado no *caput* deste artigo se:

I — havendo pluralidade de reclamados, algum deles contestar a ação;

II — o litígio versar sobre direitos indisponíveis;

III — a petição inicial não estiver acompanhada de instrumento que a lei considere indispensável à prova do ato;

IV — as alegações de fato formuladas pelo reclamante forem inverossímeis ou estiverem em contradição com prova constante dos autos.

§ 5º Ainda que ausente o reclamado, presente o advogado na audiência, serão aceitos a contestação e os documentos eventualmente apresentados.

Art. 847. [...]

Parágrafo único. A parte poderá apresentar defesa escrita pelo sistema de processo judicial eletrônico até a audiência.

O art. 844 da CLT é muito rigoroso:

> Art. 844. O não comparecimento do reclamante à audiência importa o arquivamento da reclamação, e o não-comparecimento do reclamado importa revelia, além de confissão quanto à matéria de fato.
>
> Parágrafo único. Ocorrendo, entretanto, motivo relevante, poderá o presidente suspender o julgamento, designando nova audiência.

O legislador reformista converteu o parágrafo único em 1º e acrescentou mais três parágrafos, para flexibilizar a regra anterior em favor do reclamado, castigando o empregado que der causa a arquivamento (§§ 2º e 3º), onerando-o com as custas processuais, ainda que beneficiário da justiça gratuita (que horror! Não existe isso em nenhuma lei!). No entanto, se o reclamante provar em quinze dias motivo legalmente justificado, sendo beneficiário da Justiça Gratuita, será isento das custas.

Entenda-se por **motivo legalmente justificado** qualquer das hipóteses elencadas no art. 473[13] da CLT, doença em si ou em dependente, atestada por médico, acompanhamento da esposa em exame de pré-natal, além de outros motivos que o juiz considerar razoáveis à rotina de todo cidadão.

Dita o § 3º que o recolhimento das custas passa a constituir condição de ação em nova reclamação trabalhista, ainda que o reclamante seja beneficiário da

---

(13) Art. 473. O empregado poderá deixar de comparecer ao serviço sem prejuízo do salário:
I — até 2 (dois) dias consecutivos, em caso de falecimento do cônjuge, ascendente, descendente, irmão ou pessoa que, declarada em sua carteira de trabalho e previdência social, viva sob sua dependência econômica;
II — até 3 (três) dias consecutivos, em virtude de casamento;
III — por um dia, em caso de nascimento de filho no decorrer da primeira semana;
IV — por um dia, em cada 12 (doze) meses de trabalho, em caso de doação voluntária de sangue devidamente comprovada;
V — até 2 (dois) dias consecutivos ou não, para o fim de se alistar eleitor, nos têrmos da lei respectiva.
VI — no período de tempo em que tiver de cumprir as exigências do Serviço Militar referidas na *letra "c" do art. 65 da Lei n. 4.375, de 17 de agosto de 1964* (Lei do Serviço Militar);
 VII — nos dias em que estiver comprovadamente realizando provas de exame vestibular para ingresso em estabelecimento de ensino superior. *(Inciso incluído pela Lei n. 9.471, de 14.7.1997)*
 VIII — pelo tempo que se fizer necessário, quando tiver que comparecer a juízo. *(Incluído pela Lei n. 9.853, de 27.10.1999)*
IX — pelo tempo que se fizer necessário, quando, na qualidade de representante de entidade sindical, estiver participando de reunião oficial de organismo internacional do qual o Brasil seja membro. *(Incluído pela Lei n. 11.304, de 2006)*
X — até 2 (dois) dias para acompanhar consultas médicas e exames complementares durante o período de gravidez de sua esposa ou companheira; *(Incluído dada pela Lei n. 13.257, de 2016)*
XI — por 1 (um) dia por ano para acompanhar filho de até 6 (seis) anos em consulta médica. *(Incluído dada pela Lei n. 13.257, de 2016)*

Justiça Gratuita. Essa é uma regra teratológica, de absurda inconstitucionalmente. Ora, se a parte é beneficiária da Justiça Gratuita, o mínimo que tem direito é a isenção das custas processuais. Portanto, os juízes, dando interpretação sistêmica da lei, saberão aplicar com muita parcimônia esse preceito, que vem carregado de ódio e preconceito.

Nos §§ 4º e 5º, a reforma relativiza as hipóteses de revelia e seus efeitos. Vejamos.

Pelo *caput* do art. 844, a ausência do reclamado à audiência de conciliação e julgamento, também denominada audiência inaugural, implica revelia e confissão quanto aos fatos. Os §§ 4º e 5º reproduzem o art. 345 do novo CPC:

> Art. 345. A revelia não produz o efeito mencionado no art. 344 se:
>
> I – havendo pluralidade de réus, algum deles contestar a ação;
>
> II – o litígio versar sobre direitos indisponíveis;
>
> III – a petição inicial não estiver acompanhada de instrumento que a lei considere indispensável à prova do ato;
>
> IV – as alegações de fato formuladas pelo autor forem inverossímeis ou estiverem em contradição com prova constante dos autos.

É de se acrescentar que se aplica subsidiariamente o preceituado no art. 346 e seu parágrafo único do novo Código de Processo Civil:

> Art. 346. Os prazos contra o revel que não tenha patrono nos autos fluirão da data de publicação do ato decisório no órgão oficial.
>
> Parágrafo único. O revel poderá intervir no processo em qualquer fase, recebendo-o no estado em que se encontrar.

O § 5º diz que "ainda que ausente o reclamado, presente o advogado na audiência, serão aceitos a contestação e os documentos eventualmente apresentados". Como interpretá-lo?

Não resta dúvida. O *caput* do artigo comina pena de arquivamento ao reclamante faltoso e de revelia ao reclamado ausente. Logicamente, diante de uma justificação razoável, será adiada a audiência.

Assim, o comparecimento apenas do advogado do reclamante não evitará o arquivamento; e o comparecimento apenas do advogado do reclamado não afasta a revelia e confissão quanto aos fatos.

O recebimento da contestação, imposto pelo § 5º, tem a utilidade de instrumentalizar o processo com as alegações do reclamado e seus documentos, para confronto com a petição inicial. Esse fato fragiliza a revelia e seus efeitos no processo do trabalho. Na verdade, a lei institui uma figura nova: **revelia apesar da contestação, ou contestação apesar da revelia**.

Portanto, como o § 5º não revoga o *caput* do art. 844, mesmo com a presença do advogado, recebendo a contestação e os documentos da defesa, o Juiz declarará a revelia e a confissão do reclamado se ele não se fizer presente nem indicar preposto que conheça os fatos. E, quanto aos fatos, em virtude da confissão declarada, o Juiz encerrará as provas, sem prejuízo do contraditório quanto aos documentos trazidos pelo revel. E a confissão ficta, portanto relativa, não prevalecerá contra prova documental.

14. Incidente de Desconsideração da Personalidade Jurídica

> **TÍTULO X — DO PROCESSO JUDICIÁRIO DO TRABALHO**
> [...]
> **CAPÍTULO III**
> **DOS DISSÍDIOS INDIVIDUAIS**
>
> Seção IV
> Do Incidente de Desconsideração da Personalidade Jurídica
>
> Art. 855-A. Aplica-se ao processo do trabalho o incidente de desconsideração da personalidade jurídica previsto nos arts. 133 a 137 da Lei n. 13.105, de 16 de março de 2015 — Código de Processo Civil.
>
> § 1º Da decisão interlocutória que acolher ou rejeitar o incidente:
>
> I — na fase de cognição, não cabe recurso de imediato, na forma do § 1º do art. 893 desta Consolidação;
>
> II — na fase de execução, cabe agravo de petição, independentemente de garantia do juízo;
>
> III — cabe agravo interno se proferida pelo relator em incidente instaurado originariamente no tribunal.
>
> § 2º A instauração do incidente suspenderá o processo, sem prejuízo de concessão da tutela de urgência de natureza cautelar de que trata o art. 301 da Lei n. 13.105, de 16 de março de 2015 (Código de Processo Civil).

Como já comentado, o legislador vem transplantando as regras do Código Civil e do Código de Processo Civil para a CLT, desnaturando-a em sua simplicidade. A Lei da reforma manda aplicar os artigos do CPC, que assim dispõem:

Art. 133. O incidente de desconsideração da personalidade jurídica será instaurado a pedido da parte ou do Ministério Público, quando lhe couber intervir no processo.

§ 1º O pedido de desconsideração da personalidade jurídica observará os pressupostos previstos em lei.

§ 2º Aplica-se o disposto neste Capítulo à hipótese de desconsideração inversa da personalidade jurídica.

Art. 134. O incidente de desconsideração é cabível em todas as fases do processo de conhecimento, no cumprimento de sentença e na execução fundada em título executivo extrajudicial.

§ 1º A instauração do incidente será imediatamente comunicada ao distribuidor para as anotações devidas.

§ 2º Dispensa-se a instauração do incidente se a desconsideração da personalidade jurídica for requerida na petição inicial, hipótese em que será citado o sócio ou a pessoa jurídica.

§ 3º A instauração do incidente suspenderá o processo, salvo na hipótese do § 2º.

§ 4º O requerimento deve demonstrar o preenchimento dos pressupostos legais específicos para desconsideração da personalidade jurídica.

Art. 135. Instaurado o incidente, o sócio ou a pessoa jurídica será citado para manifestar-se e requerer as provas cabíveis no prazo de 15 (quinze) dias.

Art. 136. Concluída a instrução, se necessária, o incidente será resolvido por decisão interlocutória.

Parágrafo único. Se a decisão for proferida pelo relator, cabe agravo interno.

Art. 137. Acolhido o pedido de desconsideração, a alienação ou a oneração de bens, havida em fraude de execução, será ineficaz em relação ao requerente.

Aos preceitos importados do CPC, acrescenta mais três parágrafos, para reafirmar que:

a) não cabe recurso da decisão de primeiro grau que decidir a matéria na fase de conhecimento (art. 893, § 1º, da CLT);

b) cabe agravo de petição na fase de execução, independentemente de garantia do juízo;

c) cabe agravo interno se proferida pelo relator em incidente instaurado originariamente no tribunal.

Esse acréscimo, na verdade, é uma transcrição do que já dispunha o art. 6º da Instrução Normativa n. 39/2016 do TST:

> Art. 6º Aplica-se ao Processo do Trabalho o incidente de desconsideração da personalidade jurídica regulado no Código de Processo Civil (arts. 133 a 137), assegurada a iniciativa também do juiz do trabalho na fase de execução (CLT, art. 878).
>
> § 1º Da decisão interlocutória que acolher ou rejeitar o incidente:
>
> I — na fase de cognição, não cabe recurso de imediato, na forma do art. 893, § 1º da CLT;
>
> II — na fase de execução, cabe agravo de petição, independentemente de garantia do juízo;
>
> III — cabe agravo interno se proferida pelo Relator, em incidente instaurado originariamente no tribunal (CPC, art. 932, inciso VI).
>
> § 2º A instauração do incidente suspenderá o processo, sem prejuízo de concessão da tutela de urgência de natureza cautelar de que trata o art. 301 do CPC.

O agravo interno é o recurso cabível das decisões monocráticas do Relator para o órgão colegiado competente para julgar a matéria. Está previsto no art. 1.021 do CPC:

> Art. 1.021. Contra decisão proferida pelo relator caberá agravo interno para o respectivo órgão colegiado, observadas, quanto ao processamento, as regras do regimento interno do tribunal.
>
> § 1º Na petição de agravo interno, o recorrente impugnará especificadamente os fundamentos da decisão agravada.
>
> § 2º O agravo será dirigido ao relator, que intimará o agravado para manifestar-se sobre o recurso no prazo de 15 (quinze) dias, ao final do qual, não havendo retratação, o relator levá-lo-á a julgamento pelo órgão colegiado, com inclusão em pauta.
>
> § 3º É vedado ao relator limitar-se à reprodução dos fundamentos da decisão agravada para julgar improcedente o agravo interno.
>
> § 4º Quando o agravo interno for declarado manifestamente inadmissível ou improcedente em votação unânime, o órgão colegiado, em decisão fundamentada, condenará o agravante a pagar ao agravado multa fixada entre um e cinco por cento do valor atualizado da causa.
>
> § 5º A interposição de qualquer outro recurso está condicionada ao depósito prévio do valor da multa prevista no § 4º, à exceção da Fa-

zenda Pública e do beneficiário de gratuidade da justiça, que farão o pagamento ao final.

Cumpre frisar que os prazos de recursos trabalhistas são, em regra, de oito dias. Essa referência consta do art. 3º da IN n. 39/2016 do CSJT/TST: "§ 2º O prazo para interpor e contra-arrazoar todos os recursos trabalhistas, inclusive agravo interno e agravo regimental, é de oito dias (art. 6º da Lei n. 5.584/70 e art. 893 da CLT), exceto embargos de declaração (CLT, art. 897-A)".

15. Acordo Extrajudicial — Jurisdição Voluntária

> **CAPÍTULO III-A**
>
> **DO PROCESSO DE JURISDIÇÃO VOLUNTÁRIA PARA HOMOLOGAÇÃO DE ACORDO EXTRAJUDICIAL**
>
> Art. 855-B. O processo de homologação de acordo extrajudicial terá início por petição conjunta, sendo obrigatória a representação das partes por advogado.
>
> § 1º As partes não poderão ser representadas por advogado comum.
>
> § 2º Faculta-se ao trabalhador ser assistido pelo advogado do sindicato de sua categoria.
>
> Art. 855-C. O disposto neste Capítulo não prejudica o prazo estabelecido no § 6º do art. 477 desta Consolidação e não afasta a aplicação da multa prevista no § 8º art. 477 desta Consolidação.
>
> Art. 855-D. No prazo de quinze dias a contar da distribuição da petição, o juiz analisará o acordo, designará audiência se entender necessário e proferirá sentença.
>
> Art. 855-E. A petição de homologação de acordo extrajudicial suspende o prazo prescricional da ação quanto aos direitos nela especificados.
>
> Parágrafo único. O prazo prescricional voltará a fluir no dia útil seguinte ao do trânsito em julgado da decisão que negar a homologação do acordo.

A Lei da Reforma acrescenta o **Capítulo III-A ao Título X da CLT**, que trata do **processo judiciário do trabalho**, para instituir a jurisdição voluntária com a finalidade de proceder às homologações de acordos extrajudiciais. Para esse propósito, acrescentou um inciso ao art. 658 da CLT em que atribui às Varas do Trabalho essa competência, que, logicamente, se acresce ao rol de competências do Juiz do Trabalho Titular ou Substituto no exercício da titularidade, declinado no art. 659.

A Justiça do Trabalho tem competência para processar, conciliar e julgar todos os dissídios decorrentes da relação de trabalho, diz o art. 114, I, da Constituição. Porém, no rol das competências, não constava essa, de homologar acordo extrajudicial. O que acontecia era a homologação de acordo nos autos do processo que já tramitava. Era uma incongruência, porque as partes tinham que forjar o dissídio para, nele, poder fazer o acordo.

O que há de mais inovador é a extinção do *jus postulandi*, pelo menos para esse fim, ou seja, a parte somente pode fazer acordo extrajudicial por meio de advogado.

O art. 855-C deixa claro que o acordo não pode eximir o empregador da incidência dos §§ 6º (multa administrativa, em favor do governo, por atraso no pagamento da rescisão trabalhista) e 8º (multa em favor do empregado em razão do atraso no pagamento da rescisão trabalhista) do art. 477 da CLT.

O art. 855-D fixa o prazo de quinze dias para o juiz analisar o acordo. Se ele julgar necessário, designará audiência e proferirá sentença. Há que se entender que o prazo de quinze dias é para o juiz fazer a primeira análise. Se estiver tudo conforme a lei, ele homologará o acordo por sentença. Se dúvida houver, ele designará audiência. Então, essa providência não caberá em quinze dias, motivo pelo qual os prazos serão outros, certamente objeto de Provimento Correicional, que atenda à realidade da dinâmica processual e do volume de demandas na unidade jurisdicional.

Com efeito, o julgamento do pedido deve ser criterioso, o juiz deve respeitar a vontade das partes, porém velar pela legalidade. O Juiz examinará se a vontade das partes está isenta de vícios, se não estará ocorrendo preterição a preceito de lei imperativa, se não estará havendo renúncia ao irrenunciável, se não está desproporcional aos direitos devidos etc. ainda velará pelo recolhimento das custas processuais, previstas no art. 789, de 2% sobre o valor do acordo, limitado ao mínimo de R$ 10,64 e o máximo de quatro vezes o valor do maior benefício pago pelo RGPS (4 x **5.531,31,** válido a partir de 1º.1.2017). Essa sentença deverá seguir o disposto nos arts. 831 e 832 da CLT:

> Parágrafo único. No caso de conciliação, o termo que for lavrado valerá como decisão irrecorrível, salvo para a Previdência Social quanto às contribuições que lhe forem devidas.
>
> Art. 832. Da decisão deverão constar o nome das partes, o resumo do pedido e da defesa, a apreciação das provas, os fundamentos da decisão e a respectiva conclusão.

§ 1º Quando a decisão concluir pela procedência do pedido, determinará o prazo e as condições para o seu cumprimento.

§ 2º A decisão mencionará sempre as custas que devam ser pagas pela parte vencida.

§ 3º As decisões cognitivas ou homologatórias deverão sempre indicar a natureza jurídica das parcelas constantes da condenação ou do acordo homologado, inclusive o limite de responsabilidade de cada parte pelo recolhimento da contribuição previdenciária, se for o caso.

§ 4º A União será intimada das decisões homologatórias de acordos que contenham parcela indenizatória, na forma do art. 20 da Lei n. 11.033, de 21 de dezembro de 2004, facultada a interposição de recurso relativo aos tributos que lhe forem devidos.

§ 5º Intimada da sentença, a União poderá interpor recurso relativo à discriminação de que trata o § 3º deste artigo.

Detalhando essa matéria, o art. 276 do Decreto n. 3.048/1999, dispõe:

Art. 276. Nas ações trabalhistas de que resultar o pagamento de direitos sujeitos à incidência de contribuição previdenciária, o recolhimento das importâncias devidas à seguridade social será feito no dia dois do mês seguinte ao da liquidação da sentença.

§ 1º No caso do pagamento parcelado, as contribuições devidas à seguridade social serão recolhidas na mesma data e proporcionalmente ao valor de cada parcela.

§ 2º Nos acordos homologados em que não figurarem, discriminadamente, as parcelas legais de incidência da contribuição previdenciária, esta incidirá sobre o valor total do acordo homologado.

§ 3º Não se considera como discriminação de parcelas legais de incidência de contribuição previdenciária a fixação de percentual de verbas remuneratórias e indenizatórias constantes dos acordos homologados, aplicando-se, nesta hipótese, o disposto no parágrafo anterior.

§ 4º A contribuição do empregado no caso de ações trabalhistas será calculada, mês a mês, aplicando-se as alíquotas previstas no art. 198, observado o limite máximo do salário de contribuição.

§ 5º Na sentença ou acordo homologado, cujo valor da contribuição previdenciária devida for inferior ao limite mínimo permitido para recolhimento na Guia da Previdência Social, é autorizado o recolhimento dos valores devidos cumulativamente com as contribuições normais de mesma competência.

§ 6º O recolhimento das contribuições do empregado reclamante deverá ser feito na mesma inscrição em que são recolhidas as contribuições devidas pela empresa.

§ 7º Se da decisão resultar reconhecimento de vínculo empregatício, deverão ser exigidas as contribuições, tanto do empregador como do reclamante, para todo o período reconhecido, ainda que o pagamento das remunerações a ele correspondentes não tenham sido reclamadas na ação, tomando-se por base de incidência, na ordem, o valor da remuneração paga, quando conhecida, da remuneração paga a outro empregado de categoria ou função equivalente ou semelhante, do salário normativo da categoria ou do salário mínimo mensal, permitida a compensação das contribuições patronais eventualmente recolhidas

§ 8º Havendo reconhecimento de vínculo empregatício para empregado doméstico, tanto as contribuições do segurado empregado como as do empregador deverão ser recolhidas na inscrição do trabalhador.

§ 9º É exigido o recolhimento da contribuição previdenciária de que trata o inciso II do art. 201, incidente sobre o valor resultante da decisão que reconhecer a ocorrência de prestação de serviço à empresa, mas não o vínculo empregatício, sobre o valor total da condenação ou do acordo homologado, independentemente da natureza da parcela e forma de pagamento.

Art. 277. A autoridade judiciária deverá velar pelo fiel cumprimento do disposto no artigo anterior, executando, de ofício, quando for o caso, as contribuições devidas, fazendo expedir notificação ao Instituto Nacional do Seguro Social, para dar-lhe ciência dos termos da sentença, do acordo celebrado ou da execução.

Outra novidade é que a petição de acordo suspende a prescrição em relação aos direitos nela relacionados. Caso não seja homologado o acordo, o prazo prescricional retoma o seu curso a partir da sentença transitada em julgado.

16. Execução Trabalhista

16.1. Competência da Justiça do Trabalho para executar contribuições ao INSS, inclusive do vínculo de emprego reconhecido

> Art. 876. [...]
>
> Parágrafo único. A Justiça do Trabalho executará, de ofício, as contribuições sociais previstas na alínea *a* do inciso I e no inciso II do *caput* do art. 195 da Constituição Federal, e seus acréscimos legais, relativas ao objeto da condenação constante das sentenças que proferir e dos acordos que homologar.

Essa inovação efetivada no texto do parágrafo único do art. 876 se deu para transcrever a regra do inciso VIII do art. 114 da Constituição.

Mais uma vez, o legislador confere essa competência aos Juízes do Trabalho. Eu, Francisco Meton, sou Juiz desde 1982. Testemunhei uma série de alterações na legislação para viabilizar a execução das contribuições sociais pela Justiça do Trabalho. Não vingaram. Os Juízes sempre achavam uma brecha para declinar da competência. Sobreveio a Constituição de 1988, sem sucesso. Veio a Emenda Constitucional n. 20/1998, que acrescentou o § 3º ao art. 114. Regulamentando a matéria, o art. 276 do Decreto n. 3.048 assim dispôs:

> Art. 276. Nas ações trabalhistas de que resultar o pagamento de direitos sujeitos à incidência de contribuição previdenciária, o recolhimento das importâncias devidas à seguridade social será feito no dia dois do mês seguinte ao da liquidação da sentença.
>
> § 1º No caso do pagamento parcelado, as contribuições devidas à seguridade social serão recolhidas na mesma data e proporcionalmente ao valor de cada parcela.
>
> § 2º Nos acordos homologados em que não figurarem, discriminadamente, as parcelas legais de incidência da contribuição previdenciária, esta incidirá sobre o valor total do acordo homologado.

§ 3º Não se considera como discriminação de parcelas legais de incidência de contribuição previdenciária a fixação de percentual de verbas remuneratórias e indenizatórias constantes dos acordos homologados, aplicando-se, nesta hipótese, o disposto no parágrafo anterior.

§ 4º A contribuição do empregado no caso de ações trabalhistas será calculada, mês a mês, aplicando-se as alíquotas previstas no art. 198, observado o limite máximo do salário de contribuição.

§ 5º Na sentença ou acordo homologado, cujo valor da contribuição previdenciária devida for inferior ao limite mínimo permitido para recolhimento na Guia da Previdência Social, é autorizado o recolhimento dos valores devidos cumulativamente com as contribuições normais de mesma competência.

§ 6º O recolhimento das contribuições do empregado reclamante deverá ser feito na mesma inscrição em que são recolhidas as contribuições devidas pela empresa.

§ 7º Se da decisão resultar reconhecimento de vínculo empregatício, deverão ser exigidas as contribuições, tanto do empregador como do reclamante, para todo o período reconhecido, ainda que o pagamento das remunerações a ele correspondentes não tenham sido reclamadas na ação, tomando-se por base de incidência, na ordem, o valor da remuneração paga, quando conhecida, da remuneração paga a outro empregado de categoria ou função equivalente ou semelhante, do salário normativo da categoria ou do salário mínimo mensal, permitida a compensação das contribuições patronais eventualmente recolhidas

§ 8º Havendo reconhecimento de vínculo empregatício para empregado doméstico, tanto as contribuições do segurado empregado como as do empregador deverão ser recolhidas na inscrição do trabalhador.

§ 9º É exigido o recolhimento da contribuição previdenciária de que trata o inciso II do art. 201, incidente sobre o valor resultante da decisão que reconhecer a ocorrência de prestação de serviço à empresa, mas não o vínculo empregatício, sobre o valor total da condenação ou do acordo homologado, independentemente da natureza da parcela e forma de pagamento.

Art. 277. A autoridade judiciária deverá velar pelo fiel cumprimento do disposto no artigo anterior, executando, de ofício, quando for o caso, as contribuições devidas, fazendo expedir notificação ao Instituto Nacional do Seguro Social, para dar-lhe ciência dos termos da sentença, do acordo celebrado ou da execução.

Todavia, mais uma vez se entendeu que a competência se limitava às contribuições incidentes sobre as parcelas salariais da condenação. Mais uma Emenda Constitucional n. 45/2004, que implantou o inciso VIII no art. 114.

A Súmula n. 338 do TST vacilou em três alterações para fixar que essa competência não alcança o recolhimento das contribuições alusivas ao vínculo de emprego. A matéria desembocou no STF, via Recurso Extraordinário, em que foi decidido que era isso mesmo, somente para as contribuições incidentes sobre as parcelas salariais.

No entanto, por último, o Supremo Tribunal Federal editou a Súmula Vinculante n. 53, que permite deduzir competência da Justiça do Trabalho para executar as contribuições do vínculo empregatício que reconhecer:

> A competência da Justiça do Trabalho prevista no art. 114, VIII, da Constituição Federal alcança a execução de ofício das contribuições previdenciárias **relativas ao objeto da condenação constante das sentenças que proferir e acordos por ela homologados**. (Marcamos).

Logo, se a sentença trabalhista reconhecer vínculo empregatício sem registro na CTPS do trabalhador, este será o objeto da condenação.

Conclusivamente, ao enunciar expressamente a competência para execução das contribuições de que tratam os incisos I e II do art. 195 da Constituição Federal (contribuições do empregador e do trabalhador), o preceito do art. 876, parágrafo único, conduz à competência da Justiça do Trabalho para executar o objeto de suas sentenças, inclusive as contribuições previdenciárias alusivas às parcelas salariais e ao vínculo de emprego que reconhecer, como sempre foi e o legislador vem insistindo com isso, na forma do art. 276 do Decreto n. 3.048/99:

> § 7º Se da decisão resultar reconhecimento de vínculo empregatício, deverão ser exigidas as contribuições, tanto do empregador como do reclamante, para todo o período reconhecido, ainda que o pagamento das remunerações a ele correspondentes não tenham sido reclamadas na ação, tomando-se por base de incidência, na ordem, o valor da remuneração paga, quando conhecida, da remuneração paga a outro empregado de categoria ou função equivalente ou semelhante, do salário normativo da categoria ou do salário mínimo mensal, permitida a compensação das contribuições patronais eventualmente recolhidas.

> § 8º Havendo reconhecimento de vínculo empregatício para empregado doméstico, tanto as contribuições do segurado empregado como as do empregador deverão ser recolhidas na inscrição do trabalhador.

16.2. Execução de ofício — restrição

> Art. 878. A execução será promovida pelas partes, permitida a execução de ofício pelo juiz ou pelo Presidente do Tribunal ape-

> nas nos casos em que as partes não estiverem representadas por advogado.
>
> Parágrafo único. (Revogado).

A alteração levada a efeito na nova redação dada ao art. 878 exclui a possibilidade de o juiz ou tribunal tomarem a iniciativa da execução quando as partes estiverem assistidas por advogado. Assim, o juiz só executará de ofício quando a parte não tiver advogado constituído. Executará *ex officio* também as contribuições previdenciárias, conforme se comentou acima.

O parágrafo único foi revogado expressamente, porque, na prática, não fora recepcionado pela Constituição de 1988. Assim estava redigido:

> Quando se tratar de decisão dos Tribunais Regionais, a execução poderá ser promovida pela Procuradoria da Justiça do Trabalho.

16.3. Liquidação — correção monetária — penhora

> Art. 879. [...]
>
> [...]
>
> § 2º Elaborada a conta e tornada líquida, o juízo deverá abrir às partes prazo comum de oito dias para impugnação fundamentada com a indicação dos itens e valores objeto da discordância, sob pena de preclusão.
>
> [...]
>
> § 7º A atualização dos créditos decorrentes de condenação judicial será feita pela Taxa Referencial (TR), divulgada pelo Banco Central do Brasil, conforme a Lei n. 8.177, de 1º de março de 1991.
>
> Art. 882. O executado que não pagar a importância reclamada poderá garantir a execução mediante depósito da quantia correspondente, atualizada e acrescida das despesas processuais, apresentação de seguro-garantia judicial ou nomeação de bens à penhora, observada a ordem preferencial estabelecida no art. 835 da Lei n. 13.105, de 16 de março de 2015 — Código de Processo Civil.

A alteração ao § 2º do art. 879 restaura o sistema anterior à Lei n. 8.432/92, que tornou facultativa a abertura de prazo para se manifestar sobre a conta de liquidação. Pela redação anterior a essa lei, era obrigatório abrir-se o prazo comum de cinco dias para manifestação e impugnação da conta de liquidação.

Agora, o legislador Reformista restaura o sistema anterior, dilatando o prazo, que era de cinco dias, para oito dias.

É justa essa alteração, pois era um ônus muito pesado para o condenado ter que efetuar um depósito, às vezes gigantesco, para ter o direito de apontar um erro gritante na conta de liquidação.

O § 7º foi acrescentado para deixar bem claro que o índice de correção monetária dos débitos trabalhistas é a Taxa Referencial — TR. O art. 17 da Lei n. 8.177/1991 estabelece que os créditos decorrentes de sentença trabalhista serão corrigidos pela TRD — Taxa Referencial Diária. Nesse tempo, a inflação chegou até a mais de 80% ao mês (que horror!), por isso, a correção era diária.

A nova redação dada ao art. 882 da CLT inclui entre as garantias que o devedor fornecerá o "seguro-garantia judicial" e atualiza a referência ao art. 835 do novo Código de Processo Civil, porque a redação anterior se referia ao Código de 1973.

16.4. Protesto de Sentença e Banco Nacional de Devedores Trabalhistas — BNDT

> Art. 883-A. A decisão judicial transitada em julgado somente poderá ser levada a protesto, gerar inscrição do nome do executado em órgãos de proteção ao crédito ou no Banco Nacional de Devedores Trabalhistas (BNDT), nos termos da lei, depois de transcorrido o prazo de quarenta e cinco dias a contar da citação do executado, se não houver garantia do juízo.

Essa reforma rebaixa o valor do crédito trabalhista ao fixar em **45 dias** o prazo para protesto da sentença e inclusão do executado no Banco Nacional de Devedores Trabalhistas, porque, pelo art. 517 do Código de Processo Civil, "a decisão judicial transitada em julgado poderá ser levada a protesto, nos termos da lei, depois de transcorrido o prazo para pagamento voluntário previsto no art. 523", que estipula o prazo de **15 dias**.

16.5. Embargos à execução — garantias

> Art. 884. [...]
> [...]
> § 6º A exigência da garantia ou penhora não se aplica às entidades filantrópicas e/ou àqueles que compõem ou compuseram a diretoria dessas instituições.

O art. 884 da CLT trata dos embargos à execução. Quando interposto pelo executado, requer a garantia prévia do juízo.

O § 6º vem isentar as entidades filantrópicas e aqueles que compuserem suas diretorias da obrigatoriedade de garantia prévia para interpor embargos à execução.

É uma solução justa, porque muitas entidades ficavam impedidas de recorrer à falta de condições financeiras. Só peca pelo fato de generalizar, pois há entidades cadastradas como filantrópica que, na verdade, movimenta volume considerável de recursos financeiros.

17. Recurso de Revista

Art. 896. [...]

[...]

§ 1º-A. [...]

[...]

IV — transcrever na peça recursal, no caso de suscitar preliminar de nulidade de julgado por negativa de prestação jurisdicional, o trecho dos embargos declaratórios em que foi pedido o pronunciamento do tribunal sobre questão veiculada no recurso ordinário e o trecho da decisão regional que rejeitou os embargos quanto ao pedido, para cotejo e verificação, de plano, da ocorrência da omissão.

[...]

§ 3º (Revogado).

§ 4º (Revogado).

§ 5º (Revogado).

§ 6º (Revogado).

[...]

§ 14. O relator do recurso de revista poderá denegar-lhe seguimento, em decisão monocrática, nas hipóteses de intempestividade, deserção, irregularidade de representação ou de ausência de qualquer outro pressuposto extrínseco ou intrínseco de admissibilidade.

Art. 896-A. [...]

§ 1º São indicadores de transcendência, entre outros:

> I — econômica, o elevado valor da causa;
>
> II — política, o desrespeito da instância recorrida à jurisprudência sumulada do Tribunal Superior do Trabalho ou do Supremo Tribunal Federal;
>
> III — social, a postulação, por reclamante recorrente, de direito social constitucionalmente assegurado;
>
> IV — jurídica, a existência de questão nova em torno da interpretação da legislação trabalhista.
>
> § 2º Poderá o relator, monocraticamente, denegar seguimento ao recurso de revista que não demonstrar transcendência, cabendo agravo desta decisão para o colegiado.
>
> § 3º Em relação ao recurso que o relator considerou não ter transcendência, o recorrente poderá realizar sustentação oral sobre a questão da transcendência, durante cinco minutos em sessão.
>
> § 4º Mantido o voto do relator quanto à não transcendência do recurso, será lavrado acórdão com fundamentação sucinta, que constituirá decisão irrecorrível no âmbito do tribunal.
>
> § 5º É irrecorrível a decisão monocrática do relator que, em agravo de instrumento em recurso de revista, considerar ausente a transcendência da matéria.
>
> § 6º O juízo de admissibilidade do recurso de revista exercido pela Presidência dos Tribunais Regionais do Trabalho limita-se à análise dos pressupostos intrínsecos e extrínsecos do apelo, não abrangendo o critério da transcendência das questões nele veiculadas.

A Reforma modifica sensivelmente o recurso de revista, aquele que se interpõe para o Tribunal Superior do Trabalho das decisões do Tribunal Regional do Trabalho, proferidas no exercício de sua competência recursal. Trata-se de um recurso cuja formalidade é tão detalhista que, ao fim e ao cabo, torna-o muito seletivo, a serviço dos grandes escritórios especializados. A matéria sofre constantes reformas. A última ocorrera em 2014, com a Lei n. 13.015/2014.

A Lei da Reforma, sob comento, revogou os §§ 3º, 4º, 5º e 6º do art. 896 da CLT. Assim estavam redigidos:

> § 3º Os Tribunais Regionais do Trabalho procederão, obrigatoriamente, à uniformização de sua jurisprudência e aplicarão, nas causas da competência da Justiça do Trabalho, no que couber, o incidente de

uniformização de jurisprudência previsto nos termos do Capítulo I do Título IX do Livro I da Lei n. 5.869, de 11 de janeiro de 1973 (Código de Processo Civil).

§ 4º Ao constatar, de ofício ou mediante provocação de qualquer das partes ou do Ministério Público do Trabalho, a existência de decisões atuais e conflitantes no âmbito do mesmo Tribunal Regional do Trabalho sobre o tema objeto de recurso de revista, o Tribunal Superior do Trabalho determinará o retorno dos autos à Corte de origem, a fim de que proceda à uniformização da jurisprudência.

§ 5º A providência a que se refere o § 4º deverá ser determinada pelo Presidente do Tribunal Regional do Trabalho, ao emitir juízo de admissibilidade sobre o recurso de revista, ou pelo Ministro Relator, mediante decisões irrecorríveis.

§ 6º Após o julgamento do incidente a que se refere o § 3º, unicamente a súmula regional ou a tese jurídica prevalecente no Tribunal Regional do Trabalho e não conflitante com súmula ou orientação jurisprudencial do Tribunal Superior do Trabalho servirá como paradigma para viabilizar o conhecimento do recurso de revista, por divergência.

Destarte, os dispositivos revogados soavam estranhos à independência jurisdicional dos Desembargadores e dos órgãos julgadores, que encerram seu ofício com o julgamento proferido.

Acrescentou ao § 1º-A o inciso IV para exigir do recorrente que transcreva na peça recursal, no caso de suscitar preliminar de nulidade de julgado por negativa de prestação jurisdicional, o trecho dos embargos declaratórios em que foi pedido o pronunciamento do tribunal sobre questão veiculada no recurso ordinário e o trecho da decisão regional que rejeitou os embargos quanto ao pedido, para cotejo e verificação, de plano, da ocorrência da omissão.

Ou seja, são tantas peças jurídicas extensas (recurso ordinário, contrarrazões, acórdão do Tribunal Regional, embargos de declaração, novo acórdão regional, recurso de revista e contrarrazões). Pois bem, determina-se que a parte recorrente ponha o exato endereço de sua tese quando alegar nulidade por negação de prestação jurisdicional.

O § 14 também foi um acréscimo, seguindo a mesma linha de restrição ao recurso de revista: "O relator do recurso de revista poderá denegar-lhe seguimento, em decisão monocrática, nas hipóteses de intempestividade, deserção, irregularidade de representação ou de ausência de qualquer outro pressuposto extrínseco ou intrínseco de admissibilidade". Com essa extensão, é de se entender que o relator poderá denegar seguimento ao recurso na falta de atendimento de algum item do § 1º-A:

§ 1º-A. Sob pena de não conhecimento, é ônus da parte: *(Incluído pela Lei n. 13.015, de 2014)*

I — indicar o trecho da decisão recorrida que consubstancia o prequestionamento da controvérsia objeto do recurso de revista; *(Incluído pela Lei n. 13.015, de 2014)*

II — indicar, de forma explícita e fundamentada, contrariedade a dispositivo de lei, súmula ou orientação jurisprudencial do Tribunal Superior do Trabalho que conflite com a decisão regional; *(Incluído pela Lei n. 13.015, de 2014)*

III — expor as razões do pedido de reforma, impugnando todos os fundamentos jurídicos da decisão recorrida, inclusive mediante demonstração analítica de cada dispositivo de lei, da Constituição Federal, de súmula ou orientação jurisprudencial cuja contrariedade aponte. *(Incluído pela Lei n. 13.015, de 2014)*

IV — transcrever na peça recursal, no caso de suscitar preliminar de nulidade de julgado por negativa de prestação jurisdicional, o trecho dos embargos declaratórios em que foi pedido o pronunciamento do tribunal sobre questão veiculada no recurso ordinário e o trecho da decisão regional que rejeitou os embargos quanto ao pedido, para cotejo e verificação, de plano, da ocorrência da omissão. *(Incluído pela Lei da Reforma)*

O art. 896-A, com redação dada pela Medida Provisória n. 2.226/2001, instituiu a transcendência como condição de admissibilidade do recurso de revista. Foi algo que antecedeu à repercussão geral do Recurso Extraordinário no Supremo Tribunal Federal. Porém, delegou sua regulamentação ao próprio TST, que, em virtude de divergência interna, nunca o fez. Assim está redigido o *caput* do artigo:

Art. 896-A. O Tribunal Superior do Trabalho, no recurso de revista, examinará previamente se a causa oferece transcendência com relação aos reflexos gerais de natureza econômica, política, social ou jurídica.

Agora, continuando a política de restrição ao recurso de revista, a Lei da Reforma o complementa em seis parágrafos, exigindo a demonstração de transcendência do recurso, sob pena de ele não ser admitido:

§ 1º São indicadores de transcendência, entre outros:

I — econômica, o elevado valor da causa;

II — política, o desrespeito da instância recorrida à jurisprudência sumulada do Tribunal Superior do Trabalho ou do Supremo Tribunal Federal;

III — social, a postulação, por reclamante recorrente, de direito social constitucionalmente assegurado;

IV — jurídica, a existência de questão nova em torno da interpretação da legislação trabalhista.

§ 2º Poderá o relator, monocraticamente, denegar seguimento ao recurso de revista que não demonstrar transcendência, cabendo agravo desta decisão para o colegiado.

§ 3º Em relação ao recurso que o relator considerou não ter transcendência, o recorrente poderá realizar sustentação oral sobre a questão da transcendência, durante cinco minutos em sessão.

§ 4º Mantido o voto do relator quanto à não transcendência do recurso, será lavrado acórdão com fundamentação sucinta, que constituirá decisão irrecorrível no âmbito do tribunal.

§ 5º É irrecorrível a decisão monocrática do relator que, em agravo de instrumento em recurso de revista, considerar ausente a transcendência da matéria.

§ 6º O juízo de admissibilidade do recurso de revista exercido pela Presidência dos Tribunais Regionais do Trabalho limita-se à análise dos pressupostos intrínsecos e extrínsecos do apelo, não abrangendo o critério da transcendência das questões nele veiculadas.

Como se vê, adotou-se a essência da repercussão geral, prevista no art. 102, § 3º, da Constituição para o STF:

> § 3º No recurso extraordinário o recorrente deverá demonstrar a repercussão geral das questões constitucionais discutidas no caso, nos termos da lei, a fim de que o Tribunal examine a admissão do recurso, somente podendo recusá-lo pela manifestação de dois terços de seus membros. (*Acrescentado pela EC n. 45, de 2004*)

A matéria foi regulamentada por lei, mediante alteração do CPC de 1973 e incorporada definitivamente ao CPC de 2015, incluindo algo idêntico para o recurso especial para o Superior Tribunal de Justiça:

> Art. 1.035. O Supremo Tribunal Federal, em decisão irrecorrível, não conhecerá do recurso extraordinário quando a questão constitucional nele versada não tiver repercussão geral, nos termos deste artigo.
>
> § 1º Para efeito de repercussão geral, será considerada a existência ou não de questões relevantes do ponto de vista econômico, político, social ou jurídico que ultrapassem os interesses subjetivos do processo.
>
> § 2º O recorrente deverá demonstrar a existência de repercussão geral para apreciação exclusiva pelo Supremo Tribunal Federal.
>
> § 3º Haverá repercussão geral sempre que o recurso impugnar acórdão que:

I — contrarie súmula ou jurisprudência dominante do Supremo Tribunal Federal;

II — (Revogado); (*Redação dada pela Lei n. 13.256, de 2016*) (*Vigência*)

III — tenha reconhecido a inconstitucionalidade de tratado ou de lei federal, nos termos do art. 97 da Constituição Federal.

§ 4º O relator poderá admitir, na análise da repercussão geral, a manifestação de terceiros, subscrita por procurador habilitado, nos termos do Regimento Interno do Supremo Tribunal Federal.

§ 5º Reconhecida a repercussão geral, o relator no Supremo Tribunal Federal determinará a suspensão do processamento de todos os processos pendentes, individuais ou coletivos, que versem sobre a questão e tramitem no território nacional.

§ 6º O interessado pode requerer, ao presidente ou ao vice-presidente do tribunal de origem, que exclua da decisão de sobrestamento e inadmita o recurso extraordinário que tenha sido interposto intempestivamente, tendo o recorrente o prazo de 5 (cinco) dias para manifestar-se sobre esse requerimento.

§ 7º Da decisão que indeferir o requerimento referido no § 6º ou que aplicar entendimento firmado em regime de repercussão geral ou em julgamento de recursos repetitivos caberá agravo interno. (*Redação dada pela Lei n. 13.256, de 2016*) (*Vigência*)

§ 8º Negada a repercussão geral, o presidente ou o vice-presidente do tribunal de origem negará seguimento aos recursos extraordinários sobrestados na origem que versem sobre matéria idêntica.

§ 9º O recurso que tiver a repercussão geral reconhecida deverá ser julgado no prazo de 1 (um) ano e terá preferência sobre os demais feitos, ressalvados os que envolvam réu preso e os pedidos de *habeas corpus*.

§ 10. (Revogado). (*Redação dada pela Lei n. 13.256, de 2016*)

§ 11. A súmula da decisão sobre a repercussão geral constará de ata, que será publicada no diário oficial e valerá como acórdão.

Por último, o § 6º do art. 896-A vem pontuar que os Presidentes dos Tribunais Regionais do Trabalho, que são as autoridades que exercem o juízo de admissibilidade dos Recursos de Revista, não podem adentrar nas questões da transcendência.

18. Depósito Recursal

> Art. 899. [...]
>
> [...]
>
> § 4º O depósito recursal será feito em conta vinculada ao juízo e corrigido com os mesmos índices da poupança.
>
> § 5º (Revogado).
>
> [...]
>
> § 9º O valor do depósito recursal será reduzido pela metade para entidades sem fins lucrativos, empregadores domésticos, microempreendedores individuais, microempresas e empresas de pequeno porte.
>
> § 10. São isentos do depósito recursal os beneficiários da justiça gratuita, as entidades filantrópicas e as empresas em recuperação judicial.
>
> § 11. O depósito recursal poderá ser substituído por fiança bancária ou seguro garantia judicial.

Pela regra anterior, o depósito recursal era efetuado em conta vinculada do FGTS. Passa para a conta vinculada ao juízo, corrigido pelos mesmos índices da poupança. Prejuízo para o recorrente, porque a correção do crédito trabalhista é pela Taxa Referencial — TR, além de juros de mora de 1% ao mês.

A regra anterior assim dispunha, no art. 899 da CLT:

> § 4º O depósito de que trata o § 1º far-se-á na conta vinculada do empregado a que se refere o art. 2º da Lei n. 5.107, de 13 de setembro de 1966, aplicando-se-lhe os preceitos dessa Lei observados, quanto ao respectivo levantamento, o disposto no § 1º.

§ 5º Se o empregado ainda não tiver conta vinculada aberta em seu nome, nos termos do art. 2º da Lei n. 5.107, de 13 de setembro de 1966, a empresa procederá à respectiva abertura, para efeito do disposto no § 2º.

Foi modificado o § 4º e revogado o § 5º. Também representa grande prejuízo para o FGTS, cuja função reguladora da economia é indiscutível. É uma centena de bilhão de reais que sairá do sistema.

O § 9º é acrescido ao art. 899 da CLT para reduzir em 50% o valor do depósito recursal para as entidades sem fins lucrativos, empregadores domésticos, microempreendedores individuais, microempresas e empresas de pequeno porte.

Com isso, faz justiça, tratando desigualmente os desiguais, pois não faz sentido impor o mesmo valor de depósito recursal para as grandes multinacionais e para microempreendedores individuais.

O § 10 isenta do depósito recursal os beneficiários da justiça gratuita, as entidades filantrópicas e as empresas em recuperação judicial. É uma grande **novidade que se insere no sistema**.

O Tribunal Superior do Trabalho entendia que o benefício da justiça gratuita ao reclamado não o eximia do depósito para recorrer; veio a Lei Complementar n. 132/2009, que deu nova redação ao art. 3º da Lei n. 1.060/1950, para dizer que o benefício da justiça gratuita alcança a exigência de depósito para recorrer. Apesar disso, o Tribunal Superior do Trabalho continuou sua jurisprudência inconstitucional; o Código de Processo Civil de 2015 sugou a regra da Lei n. 1.060, dispondo no seu art. 98 que a gratuidade da justiça alcança o depósito recursal; porém, o TST continuou em sua recalcitrância à norma cravada no inciso LXXIV da Constituição e nas leis.

O depósito recursal — Será feito pelo empregador, se for condenado, em conta vinculada do juízo em nome do recorrido, segundo o Prov. CG/JT/TST n. 2/03, que dá as instruções de preenchimento do modelo único de guia de depósito judicial trabalhista, estabelecido na IN n. 21/02 (que terão de ser modificados para compatibilização com a Reforma), no valor da condenação, até o valor máximo fixado pelo TST. Esse valor será levantado pelo vencedor da ação, após o trânsito em julgado da sentença, até o limite da condenação. Se o demandado for absolvido da condenação, ser-lhe-á devolvido o valor corrigido dos depósitos. Não havendo condenação em valor pecuniário, não é necessário depósito recursal (Súmulas ns. 161 e 99 do TST). Atingido o valor da condenação, nenhum depósito será exigido. É devido também no recurso adesivo. O recurso pode ser interposto antes do final de seu prazo, mas o depósito recursal deverá ser comprovado pelo recorrente até o prazo final do recurso, no valor vigente à data de sua efetivação. Estando plenamente garantida a execução, por depósito recursal ou por penhora, não será devido depósito recursal para embargos à execução.

Regem a matéria os parágrafos do art. 899 da CLT, regulamentado pela IN n. 3/93 do TST, alterada pela Res. n. 190/2013. Consta da alínea *d* do item II que, havendo modificação da condenação em grau recursal, o juízo prolator da decisão arbitrará novo valor à condenação, quer para efeito de aumento do depósito recursal em caso de novo recurso, quer para efeito de devolução do que foi depositado a maior.

O valor dos depósitos recursais é fixado por Ato do TST anualmente, para vigência a partir de 1º de agosto:

Ato TST n. 360/2017:

Os novos valores referentes aos limites de depósito recursal previstos no art. 899 da Consolidação das Leis do Trabalho, reajustados pela variação acumulada do INPC/IBGE, no período de julho de 2016 a junho de 2017, a saber:

a) **R$ 9.189,00** (oito mil, novecentos e cinquenta e nove reais e sessenta e três centavos), no caso de interposição de Recurso Ordinário;

b) **R$ 18.378,00** (dezessete mil, novecentos e dezenove reais e vinte e seis centavos), no caso de interposição de Recurso de Revista, Embargos e Recurso Extraordinário;

c) **R$ 18.378,00** (dezessete mil, novecentos e dezenove reais e vinte e seis centavos), no caso de interposição de Recurso em Ação Rescisória.

Nota: Esses valores serão de observância obrigatória a partir de *1º de agosto de 2017* a 31 de julho de 2018, quando nova atualização será divulgada.

No item X da IN n. 3/1993, com a alteração dada pela Res. n. 190/2013, define que estão isentos de depósito prévio para recorrer: as pessoas jurídicas de direito público externo; as pessoas jurídicas de direito público de que trata o DL n. 779/69 (União, Estados, Distrito Federal, Municípios, autarquias e fundações de direito público); a massa falida e a herança jacente. Por decisão do STF, a Empresa Brasileira de Correios e Telégrafos está isenta de custas e de depósito prévio.

Vejam que a nova lei só exime do depósito recursal em três situações: os beneficiários da justiça gratuita, as entidades filantrópicas e as empresas em recuperação judicial. No entanto, não revogou o Decreto-Lei n. 779/69, que isenta as pessoas jurídicas de direito público, as autarquias e as fundações públicas. Logo, dando uma interpretação conforme e sistêmica, entenda-se que continuam isentas as entidades de que trata o DL n. 779/69.

Para cada novo recurso haverá novo depósito integral, até o valor da condenação (Súmula n. 128 do TST). Havendo condenação solidária de duas ou mais empresas, o depósito efetuado por uma aproveita às demais, quando a depositante não pleiteia sua exclusão do feito.

Em recursos de revista, de embargos no TST, extraordinário e ordinário em ação rescisória, o depósito é em dobro, conforme expresso acima, limitado ao valor da condenação.

O § 11 traz outra novidade, admitindo que o depósito recursal possa ser substituído por fiança bancária ou seguro garantia judicial.

Terceira Parte

Terceirização

1. Prestação de Serviço Terceirizado — Definição

> Art. 2º A Lei n. 6.019, de 3 de janeiro de 1974, passa a vigorar com as seguintes alterações:
>
> Art. 4º-A. Considera-se prestação de serviços a terceiros a transferência feita pela contratante da execução de quaisquer de suas atividades, inclusive sua atividade principal, à pessoa jurídica de direito privado prestadora de serviços que possua capacidade econômica compatível com a sua execução.
>
> [...]

Essas alterações à Lei n. 6.019/1974 se processam para assegurar direitos aos trabalhadores terceirizados. Praticamente substitui a Lei n. 13.429/2017, porque disciplina a matéria e traz muito mais.

No art. 4º-A institui a prestação de serviço terceirizado em caráter geral. Todavia, a Lei n. 13.429, de 31 de março de 2017, que regulamenta a terceirização, distingue com precisão a empresa de trabalho temporário e a empresa de prestação de serviços. O art. 4º-A da Lei n. 13.429 adota a teoria subjetivista, definindo pelo sujeito, no caso, a empresa prestadora de serviços a terceiros; o art. 4ª-A da Reforma Trabalhista adota a teoria objetivista, ou seja, define pela atividade. Eis como está na Lei n. 13.429/2017:

> Art. 2º Trabalho temporário é aquele prestado por pessoa física contratada por uma empresa de trabalho temporário que a coloca à disposição de uma empresa tomadora de serviços, para atender à necessidade de substituição transitória de pessoal permanente ou à demanda complementar de serviços.

A Lei n. 13.429/2017 preceitua:

> A Lei n. 6.019, de 3 de janeiro de 1974, passa a vigorar acrescida dos seguintes arts. 4º-A, 4º-B, 5º-A, 5º-B, 19-A, 19-B e 19-C:

Art. 4º-A. Empresa prestadora de serviços a terceiros é a pessoa jurídica de direito privado destinada a prestar à contratante serviços determinados e específicos.

Confrontemos com a redação dada pela Lei da Reforma Trabalhista, que substituirá a redação dada pela Lei n. 13.429:

Art. 4º-A. Considera-se prestação de serviços a terceiros a transferência feita pela contratante da execução de quaisquer de suas atividades, inclusive sua atividade principal, à pessoa jurídica de direito privado prestadora de serviços que possua capacidade econômica compatível com a sua execução.

2. Direitos dos Trabalhadores Terceirizados

> Art. 4º-C. São asseguradas aos empregados da empresa prestadora de serviços a que se refere o art. 4º-A desta Lei, quando e enquanto os serviços, que podem ser de qualquer uma das atividades da contratante, forem executados nas dependências da tomadora, as mesmas condições:
>
> I — relativas a:
>
> a) alimentação garantida aos empregados da contratante, quando oferecida em refeitórios;
>
> b) direito de utilizar os serviços de transporte;
>
> c) atendimento médico ou ambulatorial existente nas dependências da contratante ou local por ela designado;
>
> d) treinamento adequado, fornecido pela contratada, quando a atividade o exigir.
>
> II — sanitárias, de medidas de proteção à saúde e de segurança no trabalho e de instalações adequadas à prestação do serviço.
>
> § 1º Contratante e contratada poderão estabelecer, se assim entenderem, que os empregados da contratada farão jus a salário equivalente ao pago aos empregados da contratante, além de outros direitos não previstos neste artigo.
>
> § 2º Nos contratos que impliquem mobilização de empregados da contratada em número igual ou superior a 20% (vinte por cento) dos empregados da contratante, esta poderá disponibilizar aos empregados da contratada os serviços de alimentação e atendimento ambulatorial em outros locais apropriados e com igual padrão de atendimento, com vistas a manter o pleno funcionamento dos serviços existentes.

O art. 4º-C confere certa igualdade entre os terceirizados e os empregados da empresa tomadora do serviço, no tocante a: a) alimento no refeitório da empresa tomadora; b) direito de utilizar os serviços de transporte; c) atendimento médico ou ambulatorial existente nas dependências da contratante ou local por ela designado; d) treinamento adequado, fornecido pela contratada, quando a atividade o exigir; e) medidas de proteção à saúde e de segurança no trabalho e de instalações adequadas à prestação do serviço.

Ainda poderão, contratante e contratada, estabelecer, se assim entenderem, que os empregados da contratada farão jus a salário equivalente ao pago aos empregados da contratante, além de outros direitos não previstos neste artigo.

A OJ n. 383 do TST já conferia alguma igualdade ao terceirizado:

> **383. TERCEIRIZAÇÃO. EMPREGADOS DA EMPRESA PRESTADORA DE SERVIÇOS E DA TOMADORA. ISONOMIA. ART. 12, "A", DA LEI N. 6.019, DE 3.1.1974. (mantida) — Res. n. 175/2011, DEJT divulgado em 27, 30 e 31.5.2011**
>
> A contratação irregular de trabalhador, mediante empresa interposta, não gera vínculo de emprego com ente da Administração Pública, não afastando, contudo, pelo princípio da isonomia, o direito dos empregados terceirizados às mesmas verbas trabalhistas legais e normativas asseguradas àqueles contratados pelo tomador dos serviços, desde que presente a igualdade de funções. Aplicação analógica do art. 12, "a", da Lei n. 6.019, de 3.1.1974.

Esse preceito vem fazer justiça a essa categoria de trabalhador, que, na mesma empresa, é discriminada, não tendo acesso às comodidades oferecidas aos empregados da tomadora dos serviços.

3. Empresa Contratante de Trabalho Terceirizado

> Art. 5º-A. Contratante é a pessoa física ou jurídica que celebra contrato com empresa de prestação de serviços relacionados a quaisquer de suas atividades, inclusive sua atividade principal.
>
> [...]

O art. 5º-A define empresa contratante, ou tomadora de serviço, deixando bem claro que pode contratar serviços para todas as suas atividades, inclusive as principais. Com isso, revoga a Súmula n. 331 do TST, que, à falta de lei disciplinando a matéria, regulamentava a terceirização, admitindo-a somente na atividade-meio da tomadora de serviços, no trabalho temporário de que trata a Lei n. 6.019/74 e de vigilância regulamentada pela Lei n. 7.102/83.

4. Quarentena para Contratação Mediante Terceirização

> Art. 5º-C. Não pode figurar como contratada, nos termos do art. 4º-A desta Lei, a pessoa jurídica cujos titulares ou sócios tenham, nos últimos dezoito meses, prestado serviços à contratante na qualidade de empregado ou trabalhador sem vínculo empregatício, exceto se os referidos titulares ou sócios forem aposentados.
>
> Art. 5º-D. O empregado que for demitido não poderá prestar serviços para esta mesma empresa na qualidade de empregado de empresa prestadora de serviços antes do decurso de prazo de dezoito meses, contados a partir da demissão do empregado.

Os arts. 5º-C e 5º-D criam uma quarentena para o ex-empregado da contratante, par evitar a substituição de empregados por terceirizados. Assim, não poderá ser contratada a empresa prestadora cujos sócios hajam sido empregados da contratante nos dezoito meses anteriores, salvo se aposentados; e não pode prestar serviço como terceirizado o ex-empregado da tomadora demitido nos últimos dezoito meses. Ou seja, o indivíduo não pode ser demitido para retornar em seguida como terceirizado ou como sócio de empresa contratada. No entanto, se a rescisão contratual houver ocorrido por acordo ou a pedido do empregado, não se aplica a quarentena.

Por fim, sobre a flexibilização para permitir a ampla terceirização de todas as atividades da empresa contratante, é oportuno transcrever a nota técnica apresentada ao Senado pela ANAMATRA, em conjunto com mais seis entidades trabalhistas (Associação Nacional do MPT, ABRAT, Associação Nacional dos Auditores Fiscais do Trabalho, Associação dos Juízes para a América Latina e outras):

> O art. 2º do PLC n. 38/2017 promove a alteração da Lei n. 6.019/74 fixando no art. 4º-A desta lei a ampla e indiscriminada permissão para a terceirização de serviços em benefício das empresas tomadoras de serviços.

O trabalhador brasileiro conhece os problemas da terceirização e que ela representa apenas lucro para o patrão no fim do mês. Em nada beneficia o trabalhador! O salário de trabalhadores terceirizados é 24% menor do que o dos empregados formais, segundo o Dieese (Departamento Intersindical de Estatística e Estudos Socioeconômicos). A terceirização também provoca desemprego, sendo seu índice de rotatividade no mercado de trabalho quase o dobro dos empregados diretamente contratados (33% x 64,4%). Terceirizados trabalham 3 horas a mais por semana, em média, do que contratados diretamente. Com mais trabalhadores fazendo jornadas maiores, deve cair o número de vagas em todos os setores. Se o processo fosse inverso e os terceirizados passassem a trabalhar o mesmo número de horas que os contratados, seriam criadas 882.959 novas vagas de emprego, segundo o Dieese.

A terceirização também cria uma verdadeira fábrica de acidentados no Brasil. Os trabalhadores terceirizados são prejudicados porque as empresas de menor porte não têm as mesmas condições econômicas das grandes para garantirem segurança na atividade de trabalho. Além disso, elas recebem menos cobrança para manter um padrão de segurança e saúde, equivalente ao seu porte. Na Petrobras, por exemplo, mais de 80% dos mortos em serviço entre 1995 e 2013 eram subcontratados. Os trabalhadores terceirizados são os que sofrem mais acidentes.

QUARTA PARTE

ALTERAÇÃO NA LEI DO FGTS

Alteração na Lei do FGTS

> Art. 3º O art. 20 da Lei n. 8.036, de 11 de maio de 1990, passa a vigorar acrescido do seguinte inciso I-A:
>
> Art. 20. [...]
>
> [...]
>
> I-A — extinção do contrato de trabalho prevista no art. 484-A da Consolidação das Leis do Trabalho (CLT), aprovada pelo Decreto-lei n. 5.452, de 1º de maio de 1943;
>
> [...]

O art. 3º da Lei da Reforma Trabalhista altera a Lei do FGTS, de n. 8.036/1990, para acrescer ao art. 20 o inciso I-A, criando mais uma hipótese de movimentação da conta vinculada do FGTS, no caso, a decorrente de rescisão contratual por acordo.

O art. 20 da Lei n. 8.036 ficará assim:

> A conta vinculada do trabalhador no FGTS poderá ser movimentada nas seguintes situações:
>
> I — despedida sem justa causa, inclusive a indireta, de culpa recíproca e de força maior.

> I-A — extinção do contrato de trabalho prevista no art. 484-A da Consolidação das Leis do Trabalho (CLT), aprovada pelo Decreto-Lei n. 5.452, de 1º de maio de 1943.

O art. 484-A da CLT, referido no dispositivo acrescido à Lei n. 8.036, também foi acrescentado pela Lei da Reforma, cuja redação ficou assim:

> Art. 484-A. O contrato de trabalho poderá ser extinto por acordo entre empregado e empregador, caso em que serão devidas as seguintes verbas trabalhistas:

I — por metade:

a) o aviso-prévio, se indenizado; e

b) a indenização sobre o saldo do Fundo de Garantia do Tempo de Serviço, prevista no § 1º do art. 18 da Lei n. 8.036, de 11 de maio de 1990;

II — na integralidade, as demais verbas trabalhistas.

§ 1º A extinção do contrato prevista no *caput* deste artigo permite a movimentação da conta vinculada do trabalhador no Fundo de Garantia do Tempo de Serviço na forma do inciso I-A do art. 20 da Lei n. 8.036, de 11 de maio de 1990, limitada até 80% (oitenta por cento) do valor dos depósitos.

§ 2º A extinção do contrato por acordo prevista no *caput* deste artigo não autoriza o ingresso no Programa de Seguro-Desemprego.

Quinta Parte

Alteração do Salário de Contribuição

PARCELAS SALARIAIS DE INCIDÊNCIA DE CONTRIBUIÇÕES AO INSS

> Art. 4º O art. 28 da Lei n. 8.212, de 24 de julho de 1991, passa a vigorar com as seguintes alterações:
>
> Art. 28. [...]
>
> [...]
>
> § 8º (Revogado).
>
> a) (revogada);
>
> [...]
>
> § 9º [...]
>
> [...]
>
> h) as diárias para viagens;
>
> [...]
>
> q) o valor relativo à assistência prestada por serviço médico ou odontológico, próprio da empresa ou por ela conveniado, inclusive o reembolso de despesas com medicamentos, óculos, aparelhos ortopédicos, próteses, órteses, despesas médico-hospitalares e outras similares;
>
> [...]
>
> z) os prêmios e os abonos.
>
> [...]

Esse art. 4º da Lei da Reforma Trabalhista vem harmonizar o que essa mesma lei disse ao modificar o art. 457, em que exclui a natureza salarial das diárias para viagens, os prêmios, os abonos e as utilidades atinentes a prestações de saúde.

A Lei n. 8.212/91 regulamenta as contribuições para o Regime Geral da Previdência Social.

O § 8º, *a*, do art. 28 da Lei n. 8.212 diz que integram o salário de contribuição as diárias cujo valor exceda a 50% do salário do trabalhador. Já o § 9º desse artigo relaciona o que integra o salário de contribuição, e o legislador reformista está modificando a letra *h* para dizer simplesmente que diárias para viagens, qualquer que seja o valor, não integram o salário, consequentemente, sobre elas não incide contribuição ao INSS.

O rol da letra *q* é aumentado para incluir prótese e similares entre as parcelas não salariais; e é acrescida a alínea *z*, para excluir da incidência de contribuição ao INSS o abono e os prêmios.

É mais um alívio para o empresariado e mais uma perda para os trabalhadores, porque essas parcelas perdendo natureza salarial não haverá repercussão na remuneração de horas extras, de repouso semanal, nos depósitos do FGTS, no cálculo das rescisões contratuais, bem como no valor dos benefícios previdenciários. Por sua vez, reduz também a arrecadação à Previdência Social.

Sexta Parte

Revogações

REVOGAÇÕES

Art. 5º Revogam-se:

I — os seguintes dispositivos da Consolidação das Leis do Trabalho (CLT), aprovada pelo Decreto-lei n. 5.452, de 1º de maio de 1943:

a) **§ 3º do art. 58** — fixação de horas *in itinere* por negociação coletiva. A hora em trânsito foi extinta, pela nova redação dada ao § 2º desse art. 58;

b) **§ 4º do art. 59** — vedação de horas extras para o trabalhador a tempo parcial. Isso porque a Lei da Reforma criou a regra que admite hora extra nessa modalidade contratual.

c) **art. 84** — já estava revogado;

d) **art. 86** — também já estava revogado;

e) **art. 130-A** — trata das férias do contratado a tempo parcial. A matéria já foi tratada no art. 58-A da CLT, com a redação dada pela Lei da Reforma Trabalhista.

f) **§ 2º do art. 134** — vedava o fracionamento de férias do menor de 18 anos e do maior de 50.

g) **§ 3º do art. 143** — vedava a concessão de abono de férias no contrato a tempo parcial;

h) **parágrafo único do art. 372** — discriminava o trabalho da mulher em relação ao homem;

i) **art. 384** — mandava conceder 15 minutos de intervalo antes do início do trabalho extraordinário da mulher;

j) **§§ 1º, 3º e 7º do art. 477** — tratam da homologação da rescisão, que a Lei da Reforma dispensa;

k) **art. 601** — quitação da contribuição sindical, que a Lei da Reforma torna facultativa;

l) **art. 604** — contribuição sindical dos autônomos e dos profissionais liberais, também não mais obrigatória;

m) **art. 792** — considerava relativamente incapazes os maiores de 18 anos e menores de 21 e as mulheres casadas;

n) **parágrafo único do art. 878** — determinava a execução de decisões dos Tribunais Regionais do Trabalho pela Procuradoria do Trabalho. Esse preceito já estava revogado pela Constituição de 1988;

o) **§§ 3º, 4º, 5º e 6º do art. 896** — recurso de revista, conforme expusemos ao comentarmos as alterações ao art. 896 da CLT;

p) **§ 5º do art. 899** — trata da obrigatoriedade de o empregador recorrente abrir conta vinculada do FGTS para efetuar os depósitos recursais. A revogação se deu porque a Lei da reforma determina que os depósitos sejam feitos em conta judicial;

II — **a alínea a do § 8º do art. 28 da Lei n. 8.212**, de 24 de julho de 1991 — que considerava salário de contribuição diária que ultrapassasse 50% do salário do obreiro;

III — **o art. 2º da Medida Provisória n. 2.226**, de 4 de setembro de 2001 — autorizava o TST a regulamentar, em seu regimento interno, o processamento da transcendência do recurso de revista.

Art. 6º Esta Lei entra em vigor após decorridos cento e vinte dias de sua publicação oficial.

São as revogações expressas, porque muitas normas resultarão revogadas pelos outros critérios: esvaziamento da matéria pela Lei nova, ou incompatibilidade com esta. E muitas outras sofrerão derrogação, ou revogação parcial. Como disse Ihering, o direito é como uma máquina, que só se revela no funcionamento prático.

REFERÊNCIAS BIBLIOGRÁFICAS

BRASIL — ANAMATRA — Associação Nacional dos Magistrados do Trabalho. *Nota técnica sobre o PL n. 38/2017, do Senado Federal — Reforma Trabalhista*. Disponível em: <https://www.anamatra.org.br/imprensa/noticias/25376-reforma-trabalhista-associacoes-divulgam-nota-tecnica-sobre-o-plc-38-17>.

_____ . Tribunal Regional Federal da 1ª Região. *I Jornada de Direito Ambiental*, Coleção Jornada de Estudos da ESMAF, 9. Brasília, 2011.

CAMARGO, Thaísa Rodrigues Lustosa de; MELO, Sandro Nahmias. *Princípios de direito ambiental do trabalho*. São Paulo: LTr, 2013.

CANNARIS, Claus Wilhelm. *Pensamento sistemático e conceito de sistema no direito*. São Paulo: Caloute Gulbenkian, 2012.

CARVALHO, Regina Coelli Batista de Moura. *Idade e trabalho. Abordagem sociojurídica sobre a limitação de idade para o trabalho no Brasil*. Porto Alegre: Sergio Antonio Fabris, 2004.

COSTA, Armando Casimiro; FERRARI, Irani. *CLT Universitária*. São Paulo: LTr, 2017.

DELGADO, Mauricio Godinho. *Curso de direito do trabalho*. 15. ed. São Paulo: LTr, 2016.

GONIÉ, Jean. Le teletravail en France: les principaux points de la recomendation du fórum des droits sur l'internet. *Revista Synthesis*, n. 42/06, p. 26-28.

JUS BRASIL. Disponível em: <https://www.jusbrasil.com.br/jurisprudencia/busca?q=CONTRIBUI%C3%87%C3%83O+SINDICAL+NATUREZA+JUR%C3%8DDICA+DE+TRIBUTO>.

LIMA, Francisco Meton Marques de. *Os princípios de direito do trabalho na lei e na jurisprudência*. 4. ed. São Paulo: LTr, 2015.

_____ . Judiciário e sindicalismo — necessidade de reaproximação. In: LIMA, Francisco Gérson Marques de. *Carta de liberdades sindicais comentada*. Fortaleza: Ministério Público do Trabalho e GRUPE (Grupo de Estudos e Defesa do Direito do Trabalho e do Processo Trabalhista).

_____ . *Greve:* um direito antipático. Fortaleza: Premius, 2014.

LIMA, Francisco Meton Marques de; LIMA, Francisco Gérson Marques de; MOREIRA, Sandra Helena Lima. *Repensando a doutrina trabalhista — o neotrabalhismo em contraponto ao neoliberalismo*. São Paulo: LTr, 2009.

LIMA, Francisco Meton Marques de; LIMA, Francisco Péricles R. M. de. *Elementos de direito do trabalho e processo trabalhista*. 16. ed. São Paulo: LTr, 2016.

_____ . Discrepâncias ontológicas, axiológicas e epistemológicas entre o sistema trabalhista e o do direito comum. *Revista LTr de Legislação do Trabalho*, São Paulo: LTr, ago. 2016.

LOEWENSTEIN, Karl. *Teoría de la constitución*. 2. ed. Tradução de Alfredo Galego Anabitarte. Barcelona: Ariel, 1976. Do original *Verfassungslehre*.

MARTINEZ, Luciano. *Condutas antissindicais*. São Paulo: Saraiva, 2013.

MARTINS FILHO, Ives Gandra; MANNRICH, Nelson; PRADO, Ney (coords.). *Os pilares do direito do trabalho*. São Paulo: Lex Magister, 2013.

MAZA, Miguel Ángel. *La irrenunciabilidad de los créditos laborales*. Santa Fé: Rubinzal-Culzoni, 2010.

NASCIMENTO, Amauri Mascaro. *Direito contemporâneo do trabalho*. São Paulo: Saraiva, 2011.

NIETZSCHE, Friedrich Wilhelm. *Aurora* — coleção essencial de Nietzsche. São Paulo: Escala, 2013.

NOCCHI, Andrea Saint Pastous; VELOSO, Gabriel Napoleão; NEVES, Marcos Fava. *Trabalho escravo contemporâneo* — o desafio de superar a negação. 2. ed. São Paulo: LTr, 2011.

OLIVEIRA NETO, Alberto Emiliano de. *Contribuições sindicais* — modalidades de financiamento sindical e o princípio da liberdade sindical. São Paulo: LTr, 2010.

OLIVEIRA, Flávia de Paiva Medeiros. Organização e satisfação no contexto do teletrabalho. *Revista de Administração de Empresas — ERA*, v. 42, n. 3, p. 64, jul./set. 2002.

ORGANISTA, José Henrique Carvalho. *O debate sobre a centralidade do trabalho*. São Paulo: Expressão Popular, 2006.

PAES, Arnaldo Boson. *Negociação coletiva na função pública*. São Paulo: LTr, 2013.

PINTO, José Augusto; MARTINEZ, Luciano; MANNRICH, Nelson (coords.). *Dicionário brasileiro de direito do trabalho*. Da Academia Nacional de Direito do Trabalho. São Paulo: LTr, 2013.

SANTOS, Enoque Ribeiro dos. *Negociação coletiva de trabalho nos setores público e privado*. 2. ed. São Paulo: LTr, 2016.

SCHIAVI, Mauro. *Princípios do processo do trabalho*. 2. ed. São Paulo: LTr, 2012.

SIQUEIRA, Adriana Castelo Branco de; MATOS, Nelson Juliano Cardoso; FREITAS, Lorena de Melo; SOBREIRA FILHO, Enoque Feitosa; CAVALCANTE, Yan Walter Carvalho (orgs.). *Direito humanos, democracia e justiça*, Teresina: EDUFPI, 2015.

STEPHAN, Cláudia Coutinho. *Trabalhador adolescente:* em face das alterações da Emenda Constitucional n. 20/98. São Paulo: LTr, 2002.

SÜSSEKIND, Arnaldo Lopes. Os princípios informadores do direito material do trabalho. In: *Os novos horizontes do direito do trabalho* — homenagem ao ministro José Luciano de Castilho Pereira. São Paulo: LTr, 2005.

VIANA, Cláudia Salles Vilela. *Acidente de trabalho. Abordagem completa e atualizada*. São Paulo: LTr, 2016.

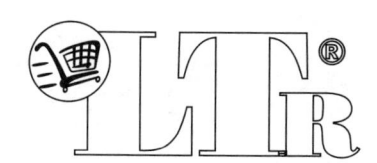

LOJA VIRTUAL
www.ltr.com.br

E-BOOKS
www.ltr.com.br